超訳　ニーチェの言葉〈大活字版〉

はじめに　ニーチェという変わった哲人

ドイツの哲学者ニーチェは十九世紀の後半に生き、二十世紀の曙を前に没した（一八四四〜一九〇〇）。二十四歳でスイスのバーゼル大学教授となったが、教職にあったのはわずか十年ほどで、その後は病気療養のためにヨーロッパ各地を旅しながら独特の著述と思索を続けた。

ニーチェの著作の中で最も広くタイトルを知られているのは『ツァラトゥストラはかく語りき』だろう。この書名を知らない人でも、リヒャルト・シュトラウスが作曲した『ツァラトゥストラはかく語りき』の旋律は聞いているかもしれない。この曲は映画『二〇〇一年宇宙の旅』のテーマソングともなっている。

ニーチェは哲学者だったとはいうものの、いわゆる難解で抽象的な事柄を思索して理論を説いた人ではなかった。彼は当時のキリスト教道徳をあまりにもあの世的だと批判し、この世における真理、善、道徳こそ大切だと強く唱えた。つまり、今生きている人間のための哲学を打ち出したのだった。

ニーチェの名が今なお世界的に知られているのは、彼の洞察力が鋭いからである。急所を突くような鋭い視点、力強い生気、不屈の魂、高みを目指す意志が新しい名文句とも言える短文で発せられるから、多くの人の耳と心に残るのである。

その特徴は主に短い警句と断章に発揮されている。本書では、それらの中から現代人のためになるものを選別して編纂《へんさん》した。

ニーチェの哲学というか独特な思想はカントやヘーゲルのように壮大な体系を目指してまとめあげられたものではない、情熱的な文章で綴られた断片や断章が多い。

断片といえども、ニーチェの発想には魅力がある。たとえば、「人間の肉体は大きな理性であり、精神と呼ばれているものは小さな理性なのだ」などと述べているのだ。こういう大胆な発想には、確かに芸術的な魅力があるといわざるを得ないだろう。

カントのような実直な哲学者ならば、自説の理由を述べて哲学の骨子とするのだが、ニーチェはその発想をそっけなくポンと置いたままなのだ。その点で、哲学者であるよりは芸術家に近いと言えよう。

昔から、ニーチェについての流言飛語や誤解は少なくない。ナチスの思想の土台となった、ニヒリズムの哲学を流布させた、反ユダヤ主義だった、等々。

ニーチェの思想がヒトラーやナチズムの思想に影響を与えたというのは悪質なデマだ。ヒトラーとナチズムは自分たちの空虚さを埋めつつ虚勢を張るために、さまざまな分野の既存の思想を勝手に曲解して取り入れることを恥じなかった。

また、ニーチェの妹がナチズムに接近して手を貸し、ハンガリーのマルクス主義哲学者ルカーチがニーチェをナチズムの先駆けと主張したことで誤解が大きく広まったという経緯もある。

ニーチェは反ユダヤ主義かといえば、これもそうではない。むしろ、反宗教というべきだろう。ニーチェは宗教の何を嫌ったのか。おしなべて宗教というものが彼岸に、すなわち神とかあの世とか無限性に道徳の尺度を求める態度を押しつけようとするからだ。そうではなく、もっとこの世に生きている人間の道徳が必要だとニーチェは考えたのだ。よって、ニーチェの思想は「生の哲学」と呼ばれることになった。

ニーチェはニヒリズムの哲学者ではない。むしろ、ニヒリズムを批判したのがニーチェだった。

ニヒリズムという用語は日本語では虚無主義と訳されていることが多い。ニヒルはラテン語で無という意味であり、絶対価値や真理などないという立場がニヒリズムだ。現代は価値の相対化によって絶対価値がないという状態だから、ニヒリズムの時代とも言える。

しかし実際には、現代人の絶対価値は金銭と利潤である。人間はどこかに絶対価値を見出していないと不安で耐えられないのだ。

十九世紀までの西欧での絶対価値と真理はキリスト教道徳だった。しかしニーチェは、キリスト教道徳はありもしない価値を信じ込ませる宗教だと解釈したのだ。その道徳は本物ではない、生きている人間のためではないと考えた。

では、近代の金銭や利潤は現代の新しい絶対価値だろうか。ニーチェは、これを神の代替物としての価値だとした。つまり、ニヒリズムから逃げるための新しいニヒリズムだと批判したのである。「我々は永遠の無の中を漂っているのではないだろうか」とニーチェは『ツァラトゥストラはかく語りき』で書いている。また、遺稿をまとめた『力への意志』では、「今の道徳への疑いが世界を席巻するようになるだろう」と書いている。まさに現代の状況を予言しているかのようである。

ニーチェの哲学は決して難しくない。少し読んでみれば、興奮を覚えるだろう。ニーチェの文章が読者を興奮させるのではなく、自分の頭で考えるという生々しさに読者が刺激とインスパイアを受けるからだ。そこにニーチェの最大の魅力がある。

本書は2010年1月に刊行された『超訳　ニーチェの言葉』より179項を選び大活字版として再編集したものです。

目次

Ⅱ 喜について

Ⅲ 生について

Ⅳ 心について

V 友について

VI 世について

Ⅶ 人について

Ⅷ

愛について

IX 知について

X 美について

I

己について

Über die Selbstheit

Selbstheit

001

初めの一歩は自分への尊敬から

自分はたいしたことがない人間だなんて思ってはならない。それは、自分の行動や考え方をがんじがらめに縛ってしまうようなことだからだ。

そうではなく、最初に自分を尊敬することから始めよう。まだ何もしていない自分を、まだ実績のない自分を、人間として尊敬するんだ。

自分を尊敬すれば、悪いことなんてできなくなる。人間として軽蔑されるような行為をしなくなるものだ。

そういうふうに生き方が変わって、理想に近い自分、他の人も見習いたくなるような人間になっていくことができる。

それは自分の可能性を大きく開拓し、それをなしとげるにふさわしい力を与えることになる。自分の人生をまっとうさせるために、まずは自分を尊敬しよう。

『力への意志』

Selbstheit

002

一日の終わりに反省しない

仕事を終えて、じっくりと反省する。一日が終わって、その一日を振り返って反省する。すると、自分や他人のアラが目について、ついにはウツになる。自分のだめさにも怒りを感じ、あいつは憎たらしいと思ったりする。たいていは、不快で暗い結果にたどりつく。

なぜかというと、冷静に反省したりしたからなどでは決してない。単に疲れているからだ。疲れきったときにする反省など、すべてウツへの落とし穴でしかない。疲れているときは反省をしたり、振り返ったり、ましてや日記など書くべきではない。

活発に活動しているとき、何かに夢中になって打ち込んでいるとき、楽しんでいるとき、反省したり、振り返って考えたりはしない。だから、自分をだめだと思ったり人に対して憎しみを覚えたりしたときは、疲れている証拠だ。そういうときはさっさと自分を休ませなければいけない。

『曙光』

Selbstheit

003

疲れたらたっぷり眠れ

自己嫌悪におちいったとき、何もかも面倒でいやになったとき、元気を取り戻すためには何をすべきだろう。ギャンブル？　宗教？　ビタミン剤？　飲酒？

そんなことよりも、食事をして休んでからたっぷりと眠るのが一番だ。しかも、いつもよりずっと多くだ。

目覚めたとき、新しい力が漲《みなぎ》る別の自分になっているだろう。

『漂泊者とその影』

Selbstheit

004

努力を続ける

高みに向かって努力を続けることは、決して無駄ではない。

今は無駄が多くて徒労のように見えるかもしれないが、少しずつ頂点へと進んでいるのは確かなのだ。

今日はまだ到達にはほど遠いだろうが、明日にはもっと高みへと近づくための力が今日鍛えられているのだ。


『漂泊者とその影』

Selbstheit

005

誰にも一芸がある

どんな人にも一芸がある。その一芸は、その人だけのものだ。

それを早くから知っていて、充分に生かして成功する人もいる。自分の一芸、自分の本領が何であるか、わからないままの人もいる。

それを自分の力のみで見出す人もいる。世間の反応を見ながら、自分の本領が何だろうかと模索し続ける人もいる。

いずれにしても、くじけず、たくましく、果敢に挑戦を続けていけば、自分の一芸がわかってくるはずだ。

『人間的な、あまりに人間的な』

Selbstheit

006

自分の行為は世界に響いている

自分のどんな行為も、他の行為や考え、決断などの誘因になっている、もしくは、大きな影響を与えている。その行為がまったく何にも影響を及ぼしていないことはない。

自分の行為によっていったん起きた事柄は、いつもなんらかの仕方で次に起きる事柄としっかりと結びついているのだ。遠い過去の昔の人々の行為でさえ、現在の事柄と強く弱く関連している。

すべての行為や運動は不死なのだ。そして、どんな人間のどんな小さな行為も不死だと言えるのだ。つまり、実はわたしたちは、永遠に生き続けているのだ。

『人間的な、あまりに人間的な』

Selbstheit

007

自分を知ることから始めよう

自分についてごまかしたり、自分に嘘をついたりしてやりすごすべきではない。自分に対してはいつも誠実であり、自分がいったいどういう人間なのか、どういう心の癖があり、どういう考え方や反応をするのか、よく知っておくべきだ。

なぜならば、自分をよく知っていないと、愛を愛として感じられなくなってしまうからだ。愛するために、愛されるために、まずは自分を知ることから始めるのだ。自分さえも知らずして、相手を知ることなどできないのだから。

『曙光』

Selbstheit

008

自分は常に新しくなっていく

かつてはこれこそ真実だと思っていたものが、今では間違いだったと思う。かつてはこれこそ自分の変わらぬ信条だとしていたものが、今では少しちがうと思う。

それを、自分は若かったとか、浅かったとか、世間知らずだったと断じて葬らないほうがいい。なぜならば、当時の自分にとっては、そう考えたり思ったりすることが必要だったのだから。当時の自分の段階にあっては、それが真実であり信条だったのだ。
人間は常に脱皮していく。常に新しくなっていく。いつも新しい生に向かっている。だから、かつては必要だったものが、今は必要でなくなったにすぎないのだ。だから、自分を批判していくこと、人の批判を聞いていくことは、自分の脱皮をうながすことにもなるのだ。さらなる新しい自分になるために。

『悦ばしき知識』

Selbstheit

009

自分を遠くから見てみる

おおかたの人間は、自分に甘く、他人に厳しい。

どうしてそうなるかというと、自分を見るときにはあまりに近くの距離から自分を見ているからだ。そして、他人を見るときは、あまりにも遠くの距離から輪郭をぼんやりと見ているからなのだ。

この距離の取り方を反対にしてじっくりと観察するようにすれば、他人はそれほど非難すべき存在ではないし、自分はそれほど甘く許容すべき存在ではないということがわかってくるはずだ。

『さまざまな意見と箴言』

Selbstheit

010

信頼が欲しければ行動で示せ

現代では、自分自身を信じているということをおおっぴらに言う人はかえって他人からは信用されない。そんなことを言う人は、自分に酔っているナルシストか、自己愛のために自己認識がはなはだ甘くなっている人間でしかないからだ。また、人間というものがいかに脆《もろ》いものであるか、ほとんどの人が知っているからだ。

人から信じてもらいたければ、言葉で自己を強調するのではなく、行動で示すしかない。しかも、のっぴきならない状況での真摯な行動のみが、人の信に訴えるのだ。

『漂泊者とその影』

Selbstheit

011

解釈のジレンマ

物事はいかようにも解釈できる。

良い物事、悪い物事が初めからあるのではない。良いとするのも悪いとするのも、役立つとか役立たないとか、素晴らしいとか醜悪だとか、いかようであろうとも、解釈するのは結局は自分なのだ。

しかし、どう解釈しようとも、そのときからその解釈の中に自分を差し込むことになるのを知っておこう。

つまり、解釈にとらわれ、その解釈ができるような視点からのみ物事を見てしまうようになるのだ。
つまり、解釈や、そこから生まれる価値判断が自分をきつく縛るというわけだ。しかし、解釈せずには物事の始末がつけられない。ここに、人生を読み解いていくことのジレンマがある。

『たわむれ、たばかり、意趣ばらし』

Selbstheit

012

いつも機嫌よく生きるコツ

不機嫌になる大きな理由の一つは、自分のなしたこと、自分の産んだことが人の役に立っていないと感じることだ。

だから、不機嫌な老人がいる。一方で輝く青春の真っ只中にいる若い人たちが不機嫌なのは、自分が社会の中で生産的な存在になることがまだなかなか難しいからでもある。

したがって、いつも機嫌よく生きていくコツは、人の助けになるか、誰かの役に立つことだ。そのことで自分という存在の意味が実感され、これが純粋な喜びになる。

『人間的な、あまりに人間的な』

Selbstheit

013

注目されたいのに注目されない理由

自己顕示欲。要するに、自分だけ目立ちたい、自分だけは特別に注目されたいという欲望。パーティに出てみると、これがよく見えてくる。

ある人はお喋りや豊富な話題で、ある人は奇抜な服装で、ある人は顔の広さで、ある人は自分が孤立していることで、それぞれに自分だけ注目されようとしている。彼らのこういう計算は、しかし間違っている。

自分こそ注目される役者であり、他の者は観客だと思っているからだ。それぞれがそう思っていて、観客がいないという芝居なのだ。だから、結局は誰も注目されていないことになる。

人生においても、しばしば同じことが起きている。ある人は権力で、ある人は学歴で、ある人は同情を誘う哀れさを見せることで、それぞれに目立とうとしている。だが、注目されるという目的は果たされない。なぜなら、他の人みんなが自分の観客だとそれぞれに思っているからだ。

『人間的な、あまりに人間的な』

Selbstheit

014

「〜のために」行うことをやめる

どれほど良いことに見えても、「〜のために」行うことは、卑しく貪欲なことだ。

誰々のためにであろうとも、何々のためにであろうとも、それが失敗したと思えるときには相手、もしくは事情や何かのせいにする心が生まれるし、うまくいったと思えるときには自分の手柄だとする慢心が生まれるからだ。

つまり、本当は自分のためにだけ行っているのだ。

けれど、純粋に能動的な愛から行われるときには、「～のために」という言葉も考えも出てくることはない。

『ツァラトゥストラはかく語りき』

Selbstheit

015

友人を求める前に自分自身を愛する

できるだけ多くの友人を欲しがり、知り合っただけで友人と認め、いつも誰か仲間と一緒にいないと落ち着かないのは、自分が危険な状態になっているという証拠だ。

本当の自分を探すために、誰かを求める。自分をもっと相手にしてほしいから、友人を求める。漠然とした安心を求めて誰かに頼る。なぜ、そうなるのか。孤独だからだ。なぜ、孤独なのか。自分自身を愛することがうまくいってないからだ。しかし、そういうインスタントな友人をいくら多く広く持ったとしても、孤独の傷は癒されず、自分を愛するようにはなれない。ごまかしにすぎないからだ。

自分を本当に愛するためには、まず自分の力だけを使って何かに取り組まなければならない。自分の足で高みを目指して歩かなければならない。そこには苦痛がある。しかしそれは、心の筋肉を鍛える苦痛なのだ。

『ツァラトゥストラはかく語りき』

Selbstheit

016

無限の豊かさは自分にある

同じ物を相手にしていても、ある人は一つか二つくらいのことしか、そこから汲《く》み出すことができない。このことはふつう、能力の差だと思われている。

しかし実は人は、その物から何かを汲み出しているのではなく、自分の中から汲み出しているのだ。その物に触発されて、自分の中で応じるものを自分で見出しているのだ。

つまり、豊かな物を探すことではなく、自分を豊かにすること。これこそが自分の能力を高める最高の方法であり、人生を豊かに生きていくことなのだ。

『悦ばしき知識』

II

喜について

Über die Freude

Freude

017

喜び方がまだ足りない

もっと喜ぼう。ちょっといいことがあっただけでも、うんと喜ぼう。喜ぶことは気持ちいいし、体の免疫力だって上がる。

恥ずかしがらず、我慢せず、遠慮せず、喜ぼう。笑おう。にこにこしよう。素直な気持ちになって、子供のように喜ぼう。

喜べば、くだらないことを忘れることができる。他人への嫌悪や憎しみも薄くなっていく。周囲の人々も嬉しくなるほどに喜ぼう。喜ぼう。この人生、もっと喜ぼう。喜び、嬉しがって生きよう。

『ツァラトゥストラはかく語りき』

Freude

018

満足が贅沢

今では享楽者とか快楽主義者という誤解された意味でのみ使われている〝エピキュリアン〟という言葉だが、その語源となった古代ギリシアの哲学者エピキュロスは、生きていくうえでの快楽を追求した。

そしてたどりついた頂点が、満足という名の贅沢だった。その贅沢に必要なものは、しかし多くはなかった。すなわち、小さな庭、そこに植わっている数本のイチジクの木。少しばかりのチーズ、三人か四人の友達。

これだけで、彼は充分に贅沢に暮らすことができた。

『漂泊者とその影』

Freude

019

朝起きたら考えること

一日をよいスタートで始めたいと思うなら、目覚めたときに、この一日のあいだに少なくとも一人の人に、少なくとも一つの喜びを与えてあげられないだろうかと思案することだ。

その喜びは、ささやかなものでもかまわない。そうして、なんとかこの考えが実現するように努めて一日を送ることだ。

この習慣を多くの人が身につければ、自分だけが得をしたいという祈りよりも、ずっと早く世の中を変えていくことだろう。

『人間的な、あまりに人間的な』

Freude

020

誰もが喜べる喜びを

わたしたちの喜びは、他の人々の役に立っているだろうか。

わたしたちの喜びが、他の人の悔しさや悲しさをいっそう増したり、侮辱になったりしてはいないだろうか。

わたしたちは、本当に喜ぶべきことを喜んでいるだろうか。

他人の不幸や災厄を喜んではいないだろうか。復讐心や軽蔑心や差別の心を満足させる喜びになってはいないだろうか。

『力への意志』

Freude

021

仕事はよいことだ

職業はわたしたちの生活の背骨になる。背骨がなければ、人は生きていけない。

仕事にたずさわることは、わたしたちを悪から遠ざける。くだらない妄想を抱くことを忘れさせる。そして、こころよい疲れと報酬まで与えてくれる。

『人間的な、あまりに人間的な』

Freude

022

一緒に生きていくこと

一緒に黙っていることは素敵だ。

もっと素敵なのは、一緒に笑っていることだ。

二人以上で、一緒にいて、同じ体験をし、共に感動し、泣き笑いしながら同じ時間を共に生きていくのは、とても素晴らしいことだ。


『人間的な、あまりに人間的な』

Freude

023

楽しんで学ぶ

たとえば、外国語を学んでまだ少ししか話せない人は、すでに外国語に通じて流暢《りゅうちょう》な人よりも、外国語を話す機会をとてもうれしがるものだ。

こういうふうに楽しみというものは、いつも半可通の人の手にある。外国語に限らず、やり始めた趣味は、いつも楽しくて仕方がないものだ。

けれども、そうであるからこそ、人は学ぶことができる。つまり、大人であっても、遊ぶ楽しさを通じて何かの達人になっていくのだ。

『人間的な、あまりに人間的な』

Freude

024

人を喜ばせると自分も喜べる

誰かを喜ばせることは、自分をも喜びでいっぱいにする。

どんなに小さな事柄でも人を喜ばせることができると、わたしたちの両手も心も喜びでいっぱいになるのだ。

『曙光』

Freude

025

心にはいつも喜びを

利口であれ。そして、心に喜びを抱け。
できるならば、賢明でもあれ。
そして心には、いつも喜びを抱いているように。
これが人生で最もたいせつなことなのだから。

『漂泊者とその影』

Freude

026

この瞬間を楽しもう

楽しまないというのはよくないことだ。つらいことからいったん目をそむけてでも、今をちゃんと楽しむべきだ。

たとえば、家庭の中に楽しまない人がたった一人いるだけで、誰かが鬱々《うつうつ》としているだけで、家庭はどんよりと暗く不快な場所になってしまう。もちろん、グループや組織においても同じようになるものだ。

できるだけ幸福に生きよう。そのためにも、とりあえず今は楽しもう。素直に笑い、この瞬間を全身で楽しんでおこう。

『悦ばしき知識』

Freude

027

精神が高まるほど繊細なものを喜べる

精神がより高く、健康に育っていくほど、その人はあまり突飛的な笑いや下品な高笑いをしなくなるものだ。軽率で破裂的な高笑いはほとんどなくなり、微笑みや喜びの表情が増えていく。

なぜならば、この人生の中にこれほど多くの楽しいことがまだ隠されていたのかと、発見のつど喜ぶようになっているからだ。つまり彼は、その微細なものを見分けることができるほど、繊細で敏感な精神の高みに達しているというわけだ。

『漂泊者とその影』

Ⅲ

生について

Über das Leben

Leben

028

始めるから始まる

すべて、初めは危険だ。しかし、とにかく始めなければ始まらない。

『人間的な、あまりに人間的な』

Leben

029

少しの悔いもない生き方を

今のこの人生を、もう一度そっくりそのままくり返してもかまわないという生き方をしてみよ。

『ツァラトゥストラはかく語りき』

Leben

030

人生を最高に旅せよ

知らない土地で漫然と行程を消化することだけが旅行だと考える人がいる。買い物だけをして帰ってくるのが旅行だと思っている人もいる。

旅行先のエキゾチックさを眺めるのをおもしろがる旅行者もいる。旅行先での出会いや体験を楽しみにする旅行者もいる。一方、旅行先での観察や体験をそのままにせず、これからの自分の仕事や生活の中に生かして豊かになっていく人もいる。

人生という旅路においてもそれは同じだ。そのつどそのつどの体験や見聞をそのとき限りの記念品にしてしまえば、実人生は決まりきった事柄のくり返しになってしまう。

そうではなく、何事も明日からの毎日に活用し、自分を常に切り開いていく姿勢を持つことが、この人生を最高に旅することになるのだ。

『漂泊者とその影』

Leben

031

生に強く向かうものを選べ

すべて良いものは、生きることをうながしている。あるいは、生きることの刺戟《しげき》となっているものだ。

死を題材にしている書物でさえ、生への刺戟となっている良書がある。生命をテーマにしていながらも、生を矮小化する悪い書物がある。

言葉にしても、行動にしても、生に強く向かってているものは良いのだ。もちろん、いきいきと生きることは周囲に良い影響を与え続けることになる。自分がそういう良いものを選ぶことで、すでに多くのものを生かすことにもなるのだ。

『漂泊者とその影』

Leben

032

高まるために捨てる

人生はそれほど長いものではない。夕方に死が訪れても何の不思議もない。だから、わたしたちが何かをなすチャンスは、いつも今この瞬間にしかないのだ。

そして、その限られた時間の中で何かをなす以上、何かから離れたり、何かをきっぱりと捨てなくてはならない。しかし、何を捨てようかと悩んだりする必要はない。懸命に行動しているうちに、不必要なものは自然と自分から離れていくからだ。あたかも、黄色くなった葉が樹木から離れ去るかのようにだ。
そうしてわたしたちはさらに身軽になり、目指す高みへとますます近づいていくことになるのだ。

『悦ばしき知識』

Leben

033

安易な人生を送りたいなら

この人生を簡単に、そして安楽に過ごしていきたいというのか。

だったら、常に群れてやまない人々の中に混じるがいい。

そして、いつも群衆と一緒につるんで、ついには自分というものを忘れ去って生きていくがいい。


『力への意志』

Leben

034

脱皮して生きていく

脱皮しない蛇は破滅する。

人間もまったく同じだ。古い考えの皮をいつまでもかぶっていれば、やがて内側から腐っていき、成長することなどできないどころか、死んでしまう。

常に新しく生きていくために、わたしたちは考えを新陳代謝させていかなくてはならないのだ。

『曙光』

Leben

035

職業がくれる一つの恵み

自分の職業に専念することは、よけいな事柄を考えないようにさせてくれるものだ。その意味で、職業を持っていることは、一つの大きな恵みとなる。

人生や生活上の憂いに襲われたとき、慣れた職業に没頭することによって、現実問題がもたらす圧迫や心配事からそっぽを向いて引きこもることができる。

苦しいなら、逃げてもかまわないのだ。戦い続けて苦しんだからといって、それに見合うように事情が好転するとは限らない。自分の心をいじめすぎてはいけない。自分に与えられた職業に没頭することで心配事から逃げているうちに、きっと何かが変わってくる。

『人間的な、あまりに人間的な』

Leben

036

計画は実行しながら練り直せ

計画を立てるのはとても楽しく、快感をともなう。長期の旅行の計画を立てたり、自分の気に入るような家を想像したり、成功する仕事の計画を綿密に立てたり、人生の計画を立てたり、どれもこれもわくわくするし、夢や希望に満ちた作業だ。

しかし、楽しい計画づくりだけで人生は終始するわけではない。生きていく以上は、その計画を実行しなければならないのだ。そうでなければ、誰かの計画を実行するための手伝いをさせられることになる。

そして、計画が実行される段になると、さまざまな障碍《しょうがい》、つまずき、忿懣《ふんまん》、幻滅などが現れてくる。それらを一つずつ克服していくか、途中であきらめるしかない。

では、どうすればいいのか。実行しながら、計画を練り直していけばいいのだ。こうすれば、楽しみながら計画を実現していける。

『さまざまな意見と箴言』

Leben

037

生活を重んじる

わたしたちは、慣れきっている事柄、つまり衣食住に関してあまりにおろそかにしがちだ。ひどい場合には、生きるために食っているとか、情欲ゆえに子供を産むなどと考えたり言ったりする人もいるくらいだ。そういう人たちは、ふだんの生活の大部分は堕落であり、何か別の高尚なことが他にあるかのように言う。

しかしわたしたちは、人生の土台をしっかりと支えている衣食住という生活にもっと真摯な眼差しを向け

るべきだ。もっと考え、反省し、改良を重ね、知性と
芸術的感性を生活の基本に差し向けようではないか。
衣食住こそがわたしたちを生かし、現実にこの人生を
歩ませているのだから。

『漂泊者とその影』

Leben

038

子供に清潔観念を与える

子供のうちに特に強くしつけておくべきは、清潔好きの感覚だ。もちろんそれは、手を洗うことによって汚れや病気から身を守り、健康を保つことができるようになるからだ。

また、その清潔好きの感覚は、やがて他の精神的な面にも広まっていく。つまり、盗みを働くことやその他の悪徳を汚れとみなす感覚へと高まりうる。同じようにその子も、社会的人間としての節度、清純さ、温厚さ、よい品性などを好むようになるのだ。
こうして習慣となった清潔観念は潔癖さを呼び、生きていくうえで幸福になる要素や契機を自然にわが身に引きつけるようになるのだ。

『さまざまな意見と箴言』

Leben

039

生活をデザインする

快適に美しく生きたいと願うのなら、そのコツは芸術家の技術が教えてくれる。たとえば画家は物の配置に気を遣う。わざと遠くに置いたり、斜めからのみ見えるようにしたり、夕焼けが反射するようにしたり、影が効果的になったりするようにする。

これと似たことを生活の中でわたしたちはしている。インテリアの配置だ。使い勝手だけを考えて家具を置くわけではない。美しく生活できるように工夫をこらす。そうでないと、雑多でめちゃくちゃな空間の中で暮らさなければならなくなるからだ。
同じようにわたしたちは、生活の諸々の事柄や人間関係を自分の好きなようにデザインしてよいのだ。

『悦ばしき知識』

Leben

040

所有欲に征服されるな

所有欲は悪ではない。所有欲は働いて金を稼ぐことをうながし、その金銭によって人は充分な暮らしを送れるばかりか、人間的な自由と自立さえ得ることができる。

しかし、人が金銭を使っているうちはいいのだが、所有欲が度を過ぎるようになると、人を奴隷のように使い始める。もっと多くの金銭を得るために、ありったけの時間や能力をついやす日々が始まるのだ。所有欲は、休みさえ与えてはくれない。

こうして所有欲の手下となった人は、完全に拘束される。内面の豊かさ、精神の幸福、気高い理想、といったものを人間としてたいせつなものは無視されるようになる。あげく、金銭面だけが豊かで内面がごく貧しい人間が出来上がる。だから、所有欲がどこで自分を征服しそうになっているか、よく注意しておかなければならない。

『漂泊者とその影』

Leben

041

目標にとらわれすぎて人生を失うな

山登りをする。たゆまず、獣のように。汗にまみれ、一心不乱に頂上を目指す。途中にいくつもの美しい眺望があるのに、ただ次の高みへと登っていくことしか知らない。あるいはまた、旅行であってもいつもの仕事であっても、一つの事柄だけに耽《ふけ》って他はすっかり忘れてしまう。そういう愚かなことが、しばしばなされている。

たとえば仕事の場合では、売り上げを伸ばすことだけがたった一つのなすべき目的のように錯覚してしまったりする。しかしそうすることで、仕事をすることの意味は失われてしまう。

けれども、このような愚かな行為はいつもくり返されている。心の余裕をなくし、合理的に行動することを重要とみなし、その観点からのみ人間的な事柄までをも無駄とみなして、結局は自分の人生そのものを失ってしまうようなことが頻繁に起きているのだ。

『漂泊者とその影』

Leben

042

人間であることの宿命

この生の時間の中で多くの体験をしたあげく、わたしたちは人生を短いとか長いとか、富んでいるとか貧しいとか、充実しているとか空しいとか判断している。

しかし、自分の眼がどこまでも遠くを見ることがないように、生身の体を持ったわたしたちの体験の範囲と距離は、いつも限られているのだ。耳も、すべての音を聞くことはない。手も、すべてのものに触れることはできない。

それなのに、大きいだの小さいだの、固いだの柔らかいだの、と勝手に判断している。さらに、他の生き物についても勝手に判断している。つまり、最初から限界があるのに、自分たちの判断が間違っているかもしれないということに気づかないでいる。これが、人間であることの大小さまざまの宿命なのだ。

『曙光』

Leben

043

いつかは死ぬのだから

死ぬのは決まっているのだから、ほがらかにやっていこう。
いつかは終わるのだから、全力で向かっていこう。
時間は限られているのだから、チャンスはいつも今だ。
嘆きわめくことなんか、オペラの役者にまかせておけ。

『力への意志』

Ⅳ

心について

Über die Geistigkeit

Geistigkeit

044

軽やかな心を持つ

何か創造的な事柄にあたるときにはもちろん、いつもの仕事をする場合でも、軽やかな心を持っているとうまくいく。それはのびのびと飛翔する心、つまらない制限などかえりみない自由な心だ。

生まれつきのこの心を萎縮させずに保っているのが望ましい。そうすれば、さまざまなことが軽々とできる人になれるだろう。

しかし、そんな軽やかな心を持っていないと自覚しているなら、多くの知識に触れたり、多くの芸術に触れるようにしよう。すると、わたしたちの心は徐々に軽やかさを持つようになっていくからだ。

『人間的な、あまりに人間的な』

Geistigkeit

045

風景が心に与えるもの

いつもの自分の生活や仕事の中で、ふと振り返ったり、遠くを眺めたときに、山々や森林の連なりやはるかなる水平線や地平線といった、確固たる安定した線を持っていることはとてもたいせつなことだ。

それらは単なる見慣れた風景にすぎないかもしれない。けれども、その風景の中にあるしっかりと安定した線が、人間の内面に落ち着きや充足、安堵や深い信頼というものを与えてくれるからだ。

誰でもそのことを本能的に知っているから、窓からの風景を重視したり、セカンドハウスの場所を自然に近いところに選んでいるのだ。

『人間的な、あまりに人間的な』

Geistigkeit

046

日々の歴史をつくる

わたしたちは歴史というものを自分とはほとんど関係のない遠く離れたもののように思っている。あるいは、図書館に並んだ古びた書物の中にあるもののように感じている。

しかし、わたしたちひとりひとりにも確かな歴史があるのだ。それは、日々の歴史だ。今のこの一日に、自分が何をどのように行うかがこの日々の歴史の一頁分になるのだ。

おじけづいて着手せずにこの一日を終えるのか、怠慢のまま送ってしまうのか、あるいは、勇猛にチャレンジしてみるのか、きのうよりもずっとうまく工夫して何かを行うのか。その態度のひとつひとつが、自分の日々の歴史をつくるのだ。

『悦ばしき知識』

Geistigkeit

047

心の生活習慣を変える

毎日の小さな習慣のくり返しが、慢性的な病気をつくる。

それと同じように、毎日の心の小さな習慣的なくり返しが、魂を病気にしたり、健康にしたりする。

たとえば、日に十回自分の周囲の人々に冷たい言葉を浴びせているならば、今日からは日に十回は周囲の人々を喜ばせるようにしようではないか。

そうすると、自分の魂が治療されるばかりではなく、周囲の人々の心も状況も、確実に好転していくのだ。

『曙光』

Geistigkeit

048

平等の欲望

平等という概念語を好んで使う人は、二つの欲望のどちらかを隠し持っている。

一つは、他の人々を自分のレベルまで引き下げようという欲望だ。もう一つは、自分と他の人々を高いレベルまで引き上げようという欲望だ。

だから、叫ばれている平等がどちらなのか、見極めるのが肝心だ。

『人間的な、あまりに人間的な』

Geistigkeit

049

長所の陰に隠されているもの

そっと遠慮する。誰にも気を悪くさせないよう気遣う。できるだけ迷惑をかけないようにする。そういう人は、周囲の人々のことを考え、公正な性質を持っているように見える。しかしまた、その人が臆病であっても、同じふるまいをするものだ。

だから、長所に見えるものであろうとも、その根源がどこから来ているのか、よく見る必要がある。

『人間的な、あまりに人間的な』

Geistigkeit

050

勝利に偶然はない

勝利した者はもれなく、偶然などというものを信じていない。

たとえ彼が、謙遜《けんそん》の気持ちから偶然性を口にするにしてもだ。

『悦ばしき知恵』

Geistigkeit

051

事実が見えていない

多くの人は、物そのものや状況そのものを見ていない。

その物にまつわる自分の思いや執着やこだわり、その状況に対する自分の感情や勝手な想像を見ているのだ。

つまり、自分を使って、物そのものや状況そのものを隠してしまっているのだ。

『曙光』

Geistigkeit

052

おじけづいたら負ける

「ああ、もう道はない」と思えば、打開への道があったとしても、急に見えなくなるものだ。

「危ないっ」と思えば、安全な場所はなくなる。

「これで終わりか」と思い込んだら、終わりの入口に足を差し入れることになる。

「どうしよう」と思えば、たちまちにしてベストな対処方法が見つからなくなる。

いずれにしても、おじけづいたら負ける、破滅する。

相手が強すぎるから、事態が今までになく困難だから、状況があまりにも悪すぎるから、逆転できる条件がそろわないから負けるのではない。

心が恐れを抱き、おじけづいたときに、自分から自然と破滅や敗北の道を選ぶようになってしまうのだ。

『たわむれ、たばかり、意趣ばらし』

Geistigkeit

053

心は態度に現れている

ことさらに極端な行為、おおげさな態度をする人には虚栄心がある。自分を大きく見せること、自分に力があること、自分が何か特別な存在であることを人に印象づけたいのだ。実際には内に何もないのだが。

細かい事柄にとらわれる人は気遣いがあるとか、何事にも繊細だというふうに見えることもあるが、内実は恐怖心を抱いている。何か失敗するのではないかという恐れがある。あるいは、どんな事柄にも自分以外の人が関わるとうまくはいかないと思っていて、内心で人を見下している場合もある。

『人間的な、あまりに人間的な』

Geistigkeit

054

反対する人の心理

提示された案に対して反対するとき、よく考え抜いたうえで確固とした根拠があって反対する人はごく少ない。

多くの人は、その案や意見が述べられたときの調子とか言い方、言った人の性格や雰囲気に対して反発の気分があるから、反対するのだ。

このことがわかれば、多くの人を味方にできる方法が何かがおのずと知れてくる。

表現の方法、説得の仕方、物言いの工夫という技術的なものも確かにあるだろうけれども、それらの上には、技術では及ばないもの、つまり、意見を述べる人の性格や容姿、人柄、生活態度などがあるということだ。

『人間的な、あまりに人間的な』

Geistigkeit

055

永遠の敵

敵を抹殺しようとするのか。本気か。
本当に相手を滅ぼしてしまっていいのか。
敵は抹殺されるかもしれない。しかし、そのことに
よって、敵がおまえの中で永遠のものになってしまわ
ないかどうかよく考えてみたのか。

『曙光』

Geistigkeit

056

魂が贅沢の水を好む

贅沢を好む癖というのは、それほど身分不相応な、思い上がった心から来るものではない。

ふつうの生活に必ずしも必要でないもの、過剰なものにどうしても魅了されてしまうのは、実は贅沢こそ人間の魂が最も好んで泳ぐ水そのものだからだ。

『曙光』

Geistigkeit

057

虚栄心の狡猾さ

人間が持っている見栄、すなわち虚栄心は複雑なものだ。

たとえば、自分の良からぬ性質や癖、悪い行動を素直に打ち明けたように見える場合でさえ、そのことによってもっと悪い部分を隠してしまおうという虚栄心が働いていることがままあるからだ。

また、相手によって、何をさらけだしたり何を隠すのかが変わるのがふつうだ。

そういう眼で他人や自分をよく観察すれば、その人が今、何を恥じ何を隠し、何を見せたがっているのか明瞭にわかってくる。

『人間的な、あまりに人間的な』

Geistigkeit

058

飽きるのは自分の成長が止まっているから

なかなか簡単には手に入らないようなものほど欲しくなるものだ。

しかし、いったん自分のものとなり、少しばかり時間がたつと、つまらないもののように感じ始める。それが物であっても人間であってもだ。

すでに手に入れて、慣れてしまったから飽きるのだ。けれどもそれは、本当は自分自身に飽きているということだ。手に入れたものが自分の中で変化しないから飽きる。すなわち、それに対する自分の心が変化しないから飽きるのだ。つまり、自分自身が成長し続けない人ほど飽きやすいことになる。

そうではなく、人間として成長を続けている人は、自分が常に変わるのだから、同じものを持ち続けても少しも飽きないのだ。

『悦ばしき知識』

Geistigkeit

059

活発だからこそ退屈を感じる

なまけ者はさほど退屈を感じることがない。なぜならば、感性が高く活発な活動を求める精神を持っているからこそ、ふとした時間に退屈を感じるものだからだ。

『漂泊者とその影』

Geistigkeit

060

精神の自由をつかむためには

本当に自由になりたければ、自分の感情をなんとか縛りつけて勝手に動かないようにしておく必要がある。

感情を野放しにしておくと、そのつどの感情が自分を振り回し、あるいは感情的な一方向にのみ顔と頭を向けさせ、結局は自分を不自由にしてしまうからだ。

精神的に自由であり、自在に考えることができる人はみな、このことをよく知って実践している。

『善悪の彼岸』

Geistigkeit

061

疲れたと感じたら、考えない、思わない

いつものように毅然としていられなくなったら、疲れている証拠だ。疲れていると、わたしたちは溜め息をつき、愚痴を口にし、後悔を口にし、ぐるぐると似たようなことを考え、そのうち憂鬱なことや暗いことが頭の中を勝手に動き回るようになる。

それは毒を吸うようなことだから、疲れたと感じたら、考えることをやめ、休んだり寝たりするに限る。

そして、また毅然として活動できるように明日に向かって備えよう。

『悦ばしき知識』

Geistigkeit

062

快・不快は考え方から生まれる

快感とか不快感は、何かが自分に与えてくるものだとわたしたちは思い込んでいる。けれども実際には、自分の考え方が動かしているものなのだ。

たとえば、何かをしたあとでわたしたちは「ああしなかったら、うまくいったのに」と不快感を覚える。逆に、「こうやったから結果が最上になった」と快感を覚える。

こういうふうに思えるのは、自分はやり方についてどちらの選択もできたと考えているからだ。つまり、自分にはいつもどちらも選べる自由があるという前提から生まれた考えなのだ。

自分には選択の自由があったというその考えさえなければ、こうなったという現状に対して、快感も不快感も生まれる隙はないのではないだろうか。

『漂泊者とその影』

Geistigkeit

063

なぜ自由な人はスマートか

自由になろうとし、ものの見方をより自在にし、自分の能力と個性を最大限に用いようとすることは、多くの利点を生むことになる。

まず彼は意識せずとも、自分の欠点を拡大したり、悪いことを行うことがなくなる。というのも、ものの見方が自由にして自在であるため、それらは邪魔だからだ。同じように、自分を自由にすることを妨害する怒りとか嫌悪の感情も、自然に必要でなくなる。

本当に自由な人がスマートですっきりした印象を与えるのは、実際に彼の精神と心のあり方が、こういうふうにスマートになっているからなのだ。

『善悪の彼岸』

V

友について

Über die Freundschaft

Freundschaft

064

友人をつくる方法

共に苦しむのではない。共に喜ぶのだ。
そうすれば、友人がつくれる。
しかし嫉妬とうぬぼれは、友人をなくしてしまうから
ご注意を。

『人間的な、あまりに人間的な』

Freundschaft

065

四つの徳を持て

自分自身と友人に対しては、いつも誠実であれ。
敵に対しては勇気を持て。
敗者に対しては、寛容さを持て。
その他あらゆる場合については、常に礼儀を保て。

『曙光』

Freundschaft

066

友人と話そう

友人とたくさん話そう。いろんなことを話そう。それはたんなるお喋りではない。自分の話したことは、自分が信じたいと思っている具体的な事柄なのだ。腹を割って友人と話すことで、自分が何をどう考えているかがはっきりと見えてくる。

また、その人を自分の友人とすることは、自分がその友人の中に尊敬すべきもの、人間としてのなんらかの憧れを抱いているということだ。それゆえ、友人を持ち、互いに話し合い、互いに尊敬していくのは、人間が高まるうえでとてもたいせつなことだと言える。

『ツァラトゥストラはかく語りき』

Freundschaft

067

親友関係が成り立つとき

互いに親友であるとき、次のような関係が保たれていると言える。

相手を、自分よりも敬重している。相手を愛しているのは当然だが、しかしその度合いは自分を愛するほどではない。

相手との交際においては親密さと柔らかさを少なくとも装っている。けれども、抜き差しならぬ親密さにおちいる手前でとどまっている。

また、相手と自分を混同せず、互いのちがいをよく
心得ている。

『さまざまな意見と箴言』

Freundschaft

068

信頼関係があれば、べたべたしなくていい

いかにも親密げな態度を示してくる。また、いろいろなことにかこつけて相手との親密さを得ようとしたり、必要以上の連絡をしょっちゅうしてくるような人は、相手の信頼を得ているかどうかにまったく自信がないことをあらわにしている。

すでに信頼し合っているのならば、親密な感じに頼らないものだ。他人からすれば、むしろそっけないっ

きあいのように見える場合が多い。

『人間的な、あまりに人間的な』

Freundschaft

069

必要な鈍さ

いつも敏感で鋭くある必要はない。特に人との交わりにおいては、相手のなんらかの行為や考えの動機を見抜いていても知らぬふうでいるような、一種の偽りの鈍さが必要だ。

また、言葉をできるだけ好意的に解釈することだ。

そして、相手をたいせつな人として扱う。しかし、こちらが気を遣っているふうには決して見せない。相手よりも鈍い感じでいる。

これらは社交のコツであるし、人へのいたわりともなる。

『人間的な、あまりに人間的な』

Freundschaft

070

同類からのみ理解される

自分を称賛してくれるのは、自分と似たりよったりの人々だ。自分もまた、自分と似たりよったりの人を称賛するものだ。

自分と同類の人間でないとうまく理解できないし、よしあしもよくわからない。また、自分とどこかで似ている相手を称賛することで、なんだか自分も認められているような気になるものだ。

つまり、人間にはそれぞれのレベルというものがある。そのレベルの中で、理解や称賛、迂回《うかい》した形での自己の認め合いが行われているというわけだ。

『悦ばしき知識』

Freundschaft

071

友情の才能が良い結婚を呼ぶ

子供というものは、人間関係を商売や利害関係や恋愛から始めたりなんかしない。まずは友達関係からだ。楽しく遊んだり、喧嘩したり、慰め合ったり、競争したり、互いに案じたり、いろんなことが二人の間に友情というものをつくる。そして、互いに友達になる。離れていても、友達でなくなることはない。

良い友達関係を築いて続けていくことは、とってもたいせつだ。というのも、友達関係や友情は、他の人間との関係の基礎になるからだ。

こうして良い友達関係は、良い結婚を続けていく基礎にもなる。なぜならば結婚生活は、男女の特別な人間関係でありながらも、その土台には友情を育てるという才能がどうしても必要になるからだ。

したがって、良い結婚になるかどうかを環境や相手のせいにしたりするのは、自分の責任を忘れたまったくの勘違いということになる。


『人間的な、あまりに人間的な』

Freundschaft

072

土足で入る人とはつきあわない

親しくなれば相手の私事に立ち入ってもかまわないと考えているような種類の人間とは、決してつきあわないことだ。そういう人は、家族のようなつきあいと称しながら、結局は相手を自分の支配下と影響下に置きたがっているだけなのだ。友人関係の場合でも、互いを混同しないような気遣いと配慮はたいせつだ。そうしないと、友達でいることもできなくなる。

『漂泊者とその影』

Ⅵ

世について

Über die Öffentlichkeit

Öffentlichkeit

073

世間を超えて生きる

世間にありながら、世間を超えて生きよ。世の中を超えて生きるとは、まずは、自分の心や情のそのつどの動きによって自分があちらこちらへと動かないということだ。情動に振り回されない、自分が自分の情動という馬をうまく乗りこなすということだとも言える。

これができるようになると、世間や時代のそのつどの流れや変化にまどわされないようになる。そして、確固たる自分を持ち、強く生きることができるようになるのだ。

『善悪の彼岸』

Öffentlichkeit

074

安定志向が人と組織を腐らせる

類は友を呼ぶというけれど、同じ考えの者ばかりが集まり、互いを認め合って満足していると、そこはぬくぬくとした閉鎖空間となってしまい、新しい考えや発想が出てくることはまずなくなる。

また、組織の年長者が自分の考えと同じ意見を持つ若者ばかりを引き立てるようになると、その若者も組織も、確実にだめになってしまう。

反対意見や新しい異質な発想を恐れ、自分たちの安定のみに向かうような姿勢は、かえって組織や人を根元から腐らせてしまい、急速に頽廃《たいはい》と破滅をうながすことになる。

『曙光』

Öffentlichkeit

075

自分の生きた意見を持つ

生きた魚を手にするためには、自分で出かけていきうまく魚を釣り上げなければならない。これと同じように、自分の意見を持つためには、みずから動いて自分の考えを掘り下げ、言葉にしなければならない。

そしてそれは、魚の化石を買う連中よりもましなことだ。自分の意見を持つことを面倒がる連中は、金を出してケースに入った化石を買う。この場合の化石とは、他人の昔の意見のことだ。

そして彼らは、買った意見を自分の信念としてしまう。そんな彼らの意見はいきいきとしておらず、いつまでたっても変わらない。けれども、この世にはそういう人間が数多くいるのだ。

『漂泊者とその影』

Öffentlichkeit

076

見かけにだまされない

道徳的なふるまいをする人が、本当に道徳的であるとは限らない。

というのも、道徳に服従しているだけかもしれないからだ。自分では何も考えず、世間体のためだけに単に従っているのかもしれない。

あるいは、思い上がりからそうしているのかもしれない。無力であきらめている可能性もあるし、面倒だからあえて道徳的なふるまいをしているのかもしれない。

つまり、道徳的な行為そのものが道徳的だと決めつけることなどできないのだ。要するに道徳は、その行為だけでは本物かどうかはなかなか判断できない。

『曙光』

Öffentlichkeit

077

つまらないことに苦しまない

暑いの反対は寒い。明るいの反対は暗い。大きいの反対は小さい。これらは相対的概念を使った一種の言葉遊びだ。現実もこれと同じだと思ってはいけない。

たとえば、〝暑い〟は〝寒い〟に対立しているのではないということだ。この両者は、ある現象が自分に感じられる程度の差をわかりやすく表現しているにすぎない。

それなのに、現実もこのように対立していると思い込んでしまうと、ちょっとした手数の多さが困難や苦労となり、ささいな変化が大きな苦しみとなり、たんなる距離が、疎遠や絶縁につながってしまう。

そして多くの悩みは、この程度の差に気づかない人々の不平不満なのである。

『漂泊者とその影』

Öffentlichkeit

078

多くの人の判断に惑わされない

仕組みや道理のごくはっきりしたもの、あるいは説明が簡単にできる事柄を、人々は軽く扱う傾向にある。その反対に、説明が尽くされていないもの、曖昧《あいまい》さや不明瞭さが残る事柄を、人々は重要なものだと受け取る傾向がある。

もちろん本当は、何が重要で何がそうではないかは、こういう心理が左右する判断とは別のところにある。だから、人々の気持ちの動きにまどわされて、何が重要であるかをまちがって判断しないようにしよう。

『人間的な、あまりに人間的な』

Öffentlichkeit

079

人が認める理由

あることを人が認める、その場合は三つある。

まずは、その事について何も知らないから。次には、それが世にありふれているように見えるから。そして三つ目は、すでにその事実が起こってしまっているからら。

もはや、そのことが善悪のどちらなのかとか、どんな利害が生まれるのかとか、どんな正当な理由があるかなどということは、認める基準にならないのだ。

こうして多くの人が、因習や伝統や政治を認めることになる。

『曙光』

Öffentlichkeit

080

二種類の支配

支配には二種類がある。一つは、支配欲につき動かされた支配だ。
もう一つは、誰からも支配されたくないために行う支配だ。

『曙光』

Öffentlichkeit

081

批判という風を入れよ

キノコは、風通しの悪いじめじめじめした場所に生え、繁殖する。同じことが、人間の組織でも起きる。批判という風が吹き込まない閉鎖的なところには、必ず腐敗や堕落が生まれ、大きくなっていく。批判は、疑い深くて意地悪な意見ではない。批判は風だ。頬には冷たいが、乾燥させ、悪い菌の繁殖を防ぐ役割がある。だから批判は、どんどん聞いたほうがいい。

『人間的な、あまりに人間的な』

Öffentlichkeit

082

規則は多くを変える

秩序をつくるために、何か不都合なことが起きないために、あるいは危険性を減らすために、効率を良くするために、規則や法律といったものがつくられる。

すると規則があるがために、新しい状況が生まれる。それは、最初に規則が必要となったときの状況とはまったく別のものだ。

また、たとえその規則を廃止しても、規則がなかったときと同じ状況に戻るわけではない。規則は、環境も人心をも変えるのだ。

『漂泊者とその影』

Öffentlichkeit

083

悪人には自己愛が足りない

悪い人間には共通点があるのを知ってるかな。悪人たちのその共通点とは、自分を憎んでいるということだ。

自分を憎んでいるから悪いことをするのだ。悪事は自分を傷つけ、かつ罰することができるからだ。だから、彼らは破滅への道を転がり続けていく。

それだけではすまない。悪人が自分自身に向けた憎悪と復讐心は、周囲の人々をも犠牲にする。ギャンブル依存症の人が周りの人々に迷惑をかけるのと同じことだ。
だから、悪人の不幸を自業自得だと傍観しているだけではよくない。彼が自分自身を憎むのではなく、なんとかして愛することができるようわたしたちは努めようではないか。そうでないと、悪は急速にはびこってしまう。

『曙光』

Öffentlichkeit

084

つごうのいい解釈

「隣人を愛せよ」

このような言葉を聞いてもおおかたの人は、自分の隣人ではなく、隣人の隣に住む人、あるいはもっと遠くに住む人を愛そうとする。

なぜならば、自分の隣人はうざったいからであり、愛したくないからである。にもかかわらず、遠くの人を愛することで、自分は隣人愛を実践していると思い込む。

人は何事も自分のつごうのよいように解釈する。このことを知っていれば、いくら正論を並べても、それが実現化されることが少ないのが理解できるだろう。

『善悪の彼岸』

Öffentlichkeit

085

狐よりもずるいのは

葡萄《ぶどう》がたわわに実っている。一匹の狐がそこに来て葡萄を取ろうとするのだが、どの房も高い場所にある枝についているため、いくら跳びはねてもまったく手が届きそうにない。狐はついに葡萄を取ることをあきらめ、「あんなのはどうせ酸《す》っぱい葡萄に決まっているさ」と捨て科白《ぜりふ》を残して去っていく。

これは、イソップ寓話の三十二番目にある話だ。この話には負け惜しみの教えがあるといわれる。

ところが現実には、狡猾とされている狐よりもはるかに狡猾な人間がいる。そういう人々は、自分の手が届いて他の連中よりも先にたっぷりと手に入れることができた葡萄についてまでも、「とてもじゃないが酸っぱくてだめだった」と言いふらすのだ。

『漂泊者とその影』

Öffentlichkeit

086

ニセ教師の教えること

この世には、いかにもまともそうに見えるニセ教師がたくさんいる。

彼らが教えることは、世渡りに役立ちそうなことばかりだ。これこれをすると得になる。こういう判断をすると損をしない。人づきあいはこういうふうにしろ。人間関係はこうやって広げろ。こういう事柄はああだこうだ。

よく考えてみよう。ニセ教師の教えることは、すべて価値判断だ。
人間と事物についての本質の見方など、これっぽっちも教えてくれはしない。
こうして人生の本質すらわからずに生きていっていいのかな。

『力への意志』

Öffentlichkeit

087

攻撃する者の内的理由

暴力的な性質を持っているから攻撃するのではない。誰かをやっつけたり苦しめたりするために攻撃するのでもない。

自分の力がどういうものか、どこまで自分の力が及ぶのかを知りたくて攻撃している場合がしばしばある。また、自分を正当化するために攻撃するときもある。これは、個人においても、国家においてもそうだ。

『人間的な、あまりに人間的な』

Öffentlichkeit

088

危険なとき

車に轢《ひ》かれる危険が最も大きいのは、一台目の車をうまくよけた直後だ。

同じように、仕事においても日常生活においても、問題やトラブルをうまく処理して安心から気をゆるめたときにこそ、次の危険が迫っている可能性が高い。

『人間的な、あまりに人間的な』

Öffentlichkeit

089

政治家に気をつけろ

自分の周りに有能な人々や有名な人々を置くことによって、自分をいっそう目立たせようという下心を持っている人間がいる。そういう人間を警戒しよう。たとえば政治家がその典型だ。

政治家は、有能そうに見える人々、世間で名前が広まった有識者や有名人を好んで自分の周りに置きたがる。そしてなにがしかの仕事を手伝わせるのだが、それは政治をしやすくするためではない。自分の空っぽさをカムフラージュさせるためなのだ。つまり、自分が主役となるために、次々に人を利用するのだ。

『悦ばしき知識』

Öffentlichkeit

090

贈り物はほどほどに

大きな物を贈ると、感謝されない。それを受け取った人は、厄介な物をもらってしまったと思うからだ。贈り物は心だといわれているが、ほどほどでなければ相手を困らせるだけなのだ。

『人間的な、あまりに人間的な』

Öffentlichkeit

091

だまされた人の悲しみ

あなたが誰かをだましたりすると、その人は悲しむ。だまされたことで何か損を受けたから、その人は悲しんでいるのではない。その人がもうあなたを信じ続けられないということが、その人を深く悲しませているのだ。

今までのようにあなたをずっと信じていたかったからこそ、悲しみはより深くなるのだ。

『善悪の彼岸』

Öffentlichkeit

092

ニセの決断

一度口にしたことは断固として行う。それは立派な潔さのように思われている。男らしく決断力があるかのようにも見える。また、意志の強い人のようにも思われたりする。また、なんだかその行為が正しいようにさえ見える。

でも、よく考えてみよう。一度口にしたことは断固として行うというのは、一種の頑固ではないか。感情的な行為ではないか。強情の表れではないか。また、そういうふうにふるまうことに、名誉心のようなものと虚栄心が隠されているのではないだろうか。

行為をするかどうかは、もっと別の理性的な視点から、その行為が本当によいかどうか見極めたうえでなされるべきではないだろうか。

『曙光』

VII

人について

Über die Menschlichkeit

Menschlichkeit

093

心理を考えて伝える

人に物事を伝えるときにはコツがある。新しい出来事や相手が驚きそうな事柄を伝えるときは、いかにもそれが周知の少し古い事柄であるかのように話して伝えるのだ。すると、相手はすんなりと受け取るようになる。

こうしないで新しい出来事を伝えると、相手はそれを自分が知っていなかったことに劣等感を覚え、そこから来る怒りを相手にぶつけるようになる。こうなると、相手に伝えなければならない事柄もまともに受け取ってもらえなくなるのだ。

このコツを知っているかどうかで、コミュニケーションの質が大きく変わってくるし、共同で仕事をする場合は、その成否にさえ関ってくる。

『曙光』

Menschlichkeit

094

人のことをあれこれ考えすぎない

他人をあれこれと判断しないこと。他人の値踏みもしないこと。人の噂話もしないこと。

あの人はどうのこうのといつまでも考えないこと。

そのような想像や考えをできるだけ少なくすること。

こういう点に、良き人間性のしるしがある。

『曙光』

Menschlichkeit

095

まともに生きていない人の心理

自分の仕事に力をそそぎ、充分に成果を得ている人は、同じような仕事をする人や商売がたきに対しては寛容で理解ある態度を示すものだ。しかし、自分の仕事を充分になしきってない人、お金目当てだけで渋々働いているような人は、商売がたきに対してあらぬ恨みや憎しみを抱く。同じように、自分の人生をまともに生きていない人は、他人に憎悪を抱くことが多い。

『曙光』

Menschlichkeit

096

真に独創的な人物とは

何か奇抜なことをして衆目を集めるのが独創的な人物ではない。それは単なる目立ちたがり屋だ。

たとえば、独創的な人間の特徴の一つは、すでにみんなの目の前にあるのにまだ気づかれておらず名前さえ持たないものを見る視力を持ち、さらにそれに名称を新しく与えることができる、ということだ。

名称が与えられて初めて、それが実際に存在していることに人間は気づくものなのだ。そうして、世界の新しい一部分が誕生してくる。

『悦ばしき知識』

Menschlichkeit

097

カリスマ性の技術

自分をカリスマ性を持った深みのある人間であるように見せたいなら、一種の暗さ、見えにくさを身につけるようにすればよい。自分をすべてさらけださないように、底が見えないようにするのだ。

多くの人は、底が見えないことに一種の神秘性と深さを感じるからだ。自然にある池や沼にしても、濁って底が見えないと人は深いと思って恐れてしまう。

カリスマ的人物と呼ばれる人への恐れとは、その程度のものなのだ。

『悦ばしき知識』

Menschlichkeit

098

体験だけでは足りない

確かに体験は重要だ。体験によって人は成長することができる。しかし、さまざまな体験を多くしたからといって、他の人よりもすぐれていると言うことはできない。

体験しても、あとでよく考察しなかったら、何にもならないのだ。どんな体験をしても、深く考えてみることがなければ、よく噛《か》まずに食べて下痢をくり返すようなことになる。

つまり、体験から何も学べていないし、何も身につかないということだ。

『漂泊者とその影』

Menschlichkeit

099

勝つなら圧倒的に勝て

競争においては、かろうじて相手に勝つというのはあまりよろしくない。勝つのならば、僅差《きんさ》ではなく、圧倒的な差をつけて勝つのがよい。

そうすれば、相手は「もう少しだったのに」という悔しい思いも自責の念を持つこともない。それどころか、かえって清々しい気持ちで素直に相手の勝利を讃えることができる。

相手をはずかしめるようなきわどい勝利や、微妙な勝ち方、遺恨を生むような勝ち方は良くない。それが勝利者のマナーというものだ。

『人間的な、あまりに人間的な』

Menschlichkeit

100

自分の弱さと欠点を知っておく

成功している人は、すべてにおいて強さがあり、運に恵まれ、考えや行動がすこぶる効率的で、何事においても人並みはずれて要領が良いように見える。ところが、彼らにもまた、ふつうの人と同じように欠点や弱さがあるものだ。

ただし彼らは、欠点や弱さが誰からも見えないように奥底に隠しているわけではない。むしろ、それらをあたかも強さのバリエーションであるかのようにカムフラージュして見せているのだ。その点において、他の人たちよりも老獪《ろうかい》なのだ。
　これができるのは、彼らが自分の弱さと欠点がどういうものであるかを熟知しているからだ。たいがいの人は、自分の弱点については見て見ぬふりをする。しかし彼らは、それをよく見つめて理解している。そこがふつうの人とは異なっているのだ。

『漂泊者とその影』

Menschlichkeit

101

約束の本当の姿

約束は、個人間の契約というだけではない。約束として要求される言葉の裏側にあるものが、約束の本当の中身になるのだ。

たとえば、「明日、五時に会いましょう」という日常的な約束の場合でも、それは五時のビジネスライクな待ち合わせだけを意味していない。

二人の親密な関係、いたわりあい、信頼、これからも続く絆の確認、相手への気遣いなど、たくさんのものが約束されている。それは、人間的な誓いとも言えるものだ。

『曙光』

Menschlichkeit

102

行為の大小を決めつけない

人間とは不思議なもので、勝手に行為に大小をつける。大きなことをした、とか、小さなことしかできなかった、などと決めつける。

もっと不思議なことがある。人間は、自分がしなかった行為を悔いる。しなかった行為なのに、あれは大きなことだったと本気で思う。あれをしていれば、今が大きく変わっていたと本気で思い、悔やんだりする。

また、自分のした行為、自分のしなかった行為の大小を、自分が決定できると思い込んでいる。その大小が真実だとさえ思っている。

自分のした小さな行為が、実はある他人にとっては大きなことかもしれない。その反対かもしれない。いずれにしても、過去の行為を価値づけることは無意味なことなのだ。

『悦ばしき知識』

Menschlichkeit

103

人生を行くときの手すり

注意を怠ると転落事故が起きかねない渓流沿いの細道や橋などには、必ず手すりがついている。実際に事故が起きるときには手すりもろとも落ちてしまうだろうから、その手すりは万全さを保証しているわけではない。しかし、手すりがあれば、それなりの安心を得ることはできる。

このような手すりとして、父親、教師、友達は、わたしたちに安心と保護されているという安定感を与えてくれる。彼らに完全によりかかっても助けにはならないかもしれないが、心の大きな支えにはなってくれる。

特に若い人には、こういう手すりのような役割を無意識に果たしてくれる人がどうしても必要だ。それは、若い人が弱いからではなく、よく生きていくためにだ。

『人間的な、あまりに人間的な』

Menschlichkeit

104

切れ者でありながら鈍くさくあれ

シャープでスマートだけではいけない。鈍《どん》くさいところも必要だ。

切れるだけがカッコいいのではない。切れるだけだと、いつまでも「まだまだ若い」と言われて、どこか軽く見られてしまう。錆びも必要だ。

シャープでありながら鈍くさいところもあることによって愛嬌があるように見られて人に好かれるように

なるし、誰かが手伝ってくれたり味方になる余地も出てくる。そして、切れるだけのときよりも、ずっと得をすることになる。

『たわむれ、たばかり、意趣ばらし』

Menschlichkeit

105

自分の人柄を語るな

人柄はたいせつだ。人はしばしば、その人の意見やアイデアに賛同するのではなく、その人柄に賛同するからだ。

しかし、人柄は故意に演出できないものでもある。自分がいかに良い人柄であるかを吹聴しても、他の人は信用しない。むしろ人は、自分がなした善行について沈黙している人を信用し、賛同するものだ。

『悦ばしき知識』

Menschlichkeit

106

人の欲しがるもの

住居を与え、娯楽を与え、食べ物と栄養を与え、健康を与えたところで、人はまだ不幸と不満を覚えるだろう。

人は、圧倒的な力というものを欲しがっているのだ。

『曙光』

Menschlichkeit

107

早すぎる成功は危険だ

あまりにも歳若いときに成功したり功績を上げてもてはやされたりすると、その人は傲慢さと感覚の狂いから、年配の人間や地道に努力をしている人への畏敬をすっかり忘れてしまうものだ。

それだけにとどまらず、成熟することの意味がわからなくなり、成熟によって保たれるような文化的環境から自然と離れてしまうようになる。他の人は時とともに成熟し、仕事に深みを増していくのに、それはな

しがたく、そして、いつまでも子供っぽく、かつての
成功や功績を看板にするだけの人間になってしまう。
『漂泊者とその影』

Menschlichkeit

108

自己コントロールは自由にできる

怒りっぽい人、神経質な人は、まさにそういう性格を持った人であり、そのような性格はずっと変わらないものだとわたしたちは信じている。そこには、わたしたち人間が成長しきったものであるという根強い考えがある。人の性格は変えられないと思っている。

しかし、たとえば怒りというものは、いっときの衝動だから、自分で好きなように処理できるものだ。怒りをそのまま表に出せば、短気な人間のふるまいになる。ところが、他の形に変えて外に出すこともできる。抑えこんで消えるまで待つこともできる。

怒りのような衝動の他に、自分に湧いてくる他の感情や気持ちもまた同じで、わたしたちは自由に処理したり、扱ったりできるのだ。まるで、わたしたちの庭に生えてくるさまざまな植物や花を整えたり、木々の果実をもぎ取ったりするかのように。

『曙光』

Menschlichkeit

109

小心者は危ない

不器用で、かつ小心な者は人を殺しかねない。彼は、自分を適度に防御する方法を知らないがために、また沈着に対処するということを欠いているがために、敵とみなした相手を抹殺する以外の打開策がわからないのだ。

『曙光』

Menschlichkeit

110

お喋りな人は隠している

自分についてしきりとお喋りをしてやまない人は、結局は自分の本性、本心、正体について隠し事をしている。

特に、嘘をついている人は、ふだんよりもお喋りが多くなる。それはたくさんの瑣末《さまつ》な情報を与えることで相手の注意と意識を他にそらし、発覚を恐れている隠し事へ視線を向けさせないためなのだ。

『善悪の彼岸』

Menschlichkeit

111

人をはずかしめることは悪だ

誰かを恥じ入らせることは、明白な悪の一つだ。

悪人は人をはずかしめる。盗みも殺しも、人をはずかしめることだ。暴力はもちろん、小さな喧嘩においてさえ、相手をはずかしめる言葉を使うものだ。

自分が悪を行えば、それは自分をはずかしめるばかりではなく、恋人を、親を、友人をもはずかしめることになる。さらに、人間存在そのものをはずかしめている。

だから、本当に自由に生きている人間とは、どんなふるまいをしても恥じ入らない境地に達した人間のことだ。彼はもちろん他の誰をもはずかしめることもない。

『悦ばしき知識』

Menschlichkeit

112

持論に固執するほど反対される

持論というものを強く主張すればするほど、より多く人から反対されることになる。

だいたいにして、自分の意見に固執している人というのは、裏側にいくつかの理由を隠し持っていたりする。たとえば、自分一人のみがこの見解を思いついたとうぬぼれている。あるいは、これほど素晴らしい見解にまでたどりついた苦労を報いてもらいたいという気持ちがある。あるいは、このレベルの見解を深く理解している自分を誇りにしている、というふうな理由だ。

多くの人は、持論を押す人に対して、以上のようなことを直観的に感じて、そのいやらしさに生理的に反対しているのだ。

『人間的な、あまりに人間的な』

Menschlichkeit

113

強くなるための悪や毒

天高く聳《そび》えようとする樹木。そういう木々が成長するために、ひどい嵐や荒れる天候なしにすますことができるだろうか。

稲が実るために、豪雨や強い陽射しや台風や稲妻はまったく必要ないのだろうか。

人生の中でのさまざまな悪や毒。それらはないほうがましで、ないほうが人は健全に強く育つのだろうか。

憎悪、嫉妬、我執、不信、冷淡、貪欲、暴力。あるいは、あらゆる意味での不利な条件、多くの障碍《しょうがい》。これらはたいていうとましく、悩みの種になるものだが、まったくないほうが人は強い人間になれるのだろうか。いや、それら悪や毒こそが、人に克服する機会と力を与え、人がこの世を生きていくために強くしてくれるものなのだ。

『悦ばしき知識』

Menschlichkeit

114

エゴイストの判断には根拠がない

エゴイスト、すなわち利己主義者の人は、何事についてもあらかじめ損得計算をして自分に得かどうかを計っているように見える。

しかし実際には、自分に近いものを重要とみなし、自分から遠いものを軽くしか判断しないという、単純で近視眼的な計算をしているだけだったりする。

しかも、エゴイストの考える遠近は、本人が勝手にそのつど判断する距離だ。その意味で、エゴイストの計算は少しも綿密なものではなく、事実を照らしたものでもなく、どちらかといえば感情的な判断によるものだ。つまり、エゴイストの判断は根拠のないものなのだ。よって、エゴイストとは感情的で、信用するには足らない人々だということになる。

『悦ばしき知識』

Menschlichkeit

115

怠惰から生まれる信念

積極的な情熱が意見を形づくり、ついには主義主張というものを生む。たいせつなのは、そのあとだ。

自分の意見や主張を全面的に認めてもらいたいがために、いつまでもこだわっていると、意見や主義主張はこりかたまり、信念というものに変化してしまう。

信念がある人というのはなんとなく偉いように思われているが、その人は、自分のかつての意見をずっと持っているだけであり、その時点から精神が止まってしまっている人なのだ。つまり、精神の怠惰が信念をつくっているというわけだ。
どんなに正しそうに見える意見も主張も、絶えず新陳代謝をくり返し、時代の変化の中で考え直され、つくり直されていかなければいけない。

『人間的な、あまりに人間的な』

Menschlichkeit

116

人の高さを見る眼を

他人を見るときは、その人の高さを見るように。

その人の低劣な面や表面上のことばかりが見えるのなら、自分がとても良くない状態になっている証拠だ。

それは、誰かの低さばかり見ることによって、自分が愚かで努力していないことに目をつむり、自分はああいう人間よりは高いのだと思いたがっていることになるからだ。

また、人の高さを見たがらないような人とは交わらないように。それは、自分もまたすぐに、彼と同じような低い人間になってしまうからだ。

『善悪の彼岸』

Menschlichkeit

117

多く持ちたがる人々

夫の職業や地位がまるで自分の手柄であるかのように言いつのる妻がいる。彼女はさらに、子供の通う学校の特長、飼い犬の賢さ、庭の木々の見事さ、住んでいる都市の美しさまでが自分の功績であるかのように言い立てる。

また、政治家や官僚は、自分たちが時代全体や歴史を左右しているかのような物言いをする。たいていの人は、自分が知っている事柄までをもあたかも特別に価値あるものかのように引き立てる。知っていれば持っているのと同じことだとすら思っている。

このように彼らは、物や知識について言っているようでいて、本当は自我とその所有欲がどこまで肥大しているかを示しているのだ。それどころか、人は過去や未来までをも持とうとしている。

『曙光』

Menschlichkeit

118

女の大胆さ

一般的には、女よりも男のほうが何事にも大胆で野蛮だと思われている。しかしそれは、体格と行動から印象づけられた思い込みにすぎない。

報復と恋愛については、女のほうがよりいっそう大胆で野蛮なものだ。

『善悪の彼岸』

Menschlichkeit

119

善悪判断のエゴイズム

自分に害を与えるものは悪であり、自分に利を運んでくれるものは善である、というふうに善悪を判断するエゴイストがいる。

その人がエゴイストであるのは、一般の善悪を判断するのは自分であるとふつうに考えているからだ。こういう野蛮な人間は世に少なくない。

『曙光』

Menschlichkeit

120

短気は人生を厄介なものにする

愛し合うときでも、戦い合いをするときでも、また尊敬し合う場合でも、両者のうちの一方だけが、いつも煩わしいことを引き受ける役割を担うことになるものだ。

その人たちの特徴は共通している。つまり、短気なのだ。

短気な人は、どういう場合や状況にあっても、物事が中途にもかかわらず短絡的に反応し、そのつどの感情を破裂させ、過剰な言動をしてしまう。そのため、まったくふつうのことすら、手のかかる煩わしい事柄になってしまうのだ。

『曙光』

Menschlichkeit

121

待たせるのは不道徳

連絡もなしに人を待たせるのはよくない。マナーや約束の次元だけの問題ではない。待っている間にその人は、あれこれと良からぬ想像をめぐらせ、心配し、次には不快になり、だんだんと憤慨してくるものだ。

つまり、人を待たせるのは、何も使わずにその人を人間的に悪くさせてしまう不道徳きわまりない方法なのだ。

『人間的な、あまりに人間的な』

Menschlichkeit

122

意外な礼儀

感謝を本気で拒絶すると、相手は侮辱されたと思う。

『曙光』

Menschlichkeit

123

所有の奴隷

人生には、金銭も快適な住居も健康で豊かな食事も必要だ。それらを手にすることによって、人は独立し、自由に生きることができる。

ところが、そういった所有が度を越すと、一転して人は所有欲の奴隷になってしまう。所有するために人生の時間をついやし、休息の時間まで交際に拘束され、組織にあやつられ、あげくのはては国家にまで縛られてしまうのだ。

人生とは、限りなく多く所有する競争のために与えられた時間ではないはずだ。

『さまざまな意見と箴言』

Menschlichkeit

124

危険に見えることには挑みやすい

勇気ある人を動かすにはコツがある。その行為が危険に満ちているとか、かなり困難であることを告げればいい。実際にはそれほど危険で困難なものでなくともだ。

すると、勇気ある人はその行為が危険であるがゆえに、自分が今動かなければ誰も動くまいという気持ちから動き出す。

人には、その行為や事柄がある程度困難であるゆえに挑みかかるという性質がある。もし最初から簡単であるとされていれば、失敗したときには言い訳が立たない。困難な事柄に失敗した場合は、その勇気をほめられるか、少なくともよく挑んだと慰められる。

『善悪の彼岸』

Menschlichkeit

125

街へ出よう

雑踏の中へ入れ。人の輪の中へ行け。みんながいる場所へ向かえ。みんなの中で、大勢の人の中で、きみはもっとなめらかな人間になり、きっちりとした新しい人間になれるだろう。

孤独でいるのはよくない。孤独はきみをだらしなくしてしまう。孤独は人間を腐らせてだめにしてしまう。さあ、部屋を出て、街へ出かけよう。

『ディオニュソスの歌』

Ⅷ

愛について

Über die Liebe

Liebe

126

そのままの相手を愛する

愛するとは、若く美しい者を好んで手に入れたがったり、すぐれた者をなんとか自分のものにしようとしたり、自分の影響下に置こうとすることではない。

愛するとはまた、自分と似たような者を探したり、嗅ぎ分けたりすることでもないし、自分を好む者を好んで受け入れることでもない。

愛するとは、自分とはまったく正反対に生きている者を、その状態のままに喜ぶことだ。自分とは逆の感性を持っている人をも、その感性のままに喜ぶことだ。愛を使って二人のちがいを埋めたり、どちらかを引っ込めさせるのではなく、両者のちがいのままに喜ぶのが愛することなのだ。

『漂泊者とその影』

Liebe

127

愛の病には

愛をめぐるさまざまな問題で悩んでいるのなら、たった一つの確実な治療法がある。

それは、自分からもっと多く、もっと広く、もっと暖かく、そしていっそう強く愛してあげることだ。

愛には愛が最もよく効くのだから。

『曙光』

Liebe

128

愛の眼と求め

愛は、人の中にあたうるかぎり美しいものを見つけ、その美しさを見続けていこうとする眼を持っている。愛は人をできるかぎり高めようとする欲求を持っているのだ。

『曙光』

Liebe

129

愛をも学んでいく

初めて聴く音楽の場合、わたしたちはそのなじみなさを嫌わず、まず最後まで聴く我慢と努力と寛容さを持たなければならない。

それをくり返すことで親しみが生まれ、やがてはその音楽の新しい魅力を少しずつ発見し、その深い美しさを発掘し、そしてその音楽を愛するようになり、その音楽が自分にとってなくてはならないものになっていく。

実は、音楽だけに限らず、わたしたちは今愛するものについても、同じように最初のなじみなさから出発する愛の学びの道をたどってきたのである。仕事を愛する場合でも、自分自身を愛する場合でも、もちろん誰かを愛する場合においてさえも。

愛はいつでも、このように学びの道を通り抜けて姿を現してくるのだ。

『悦ばしき知識』

Liebe

130

愛し方は変わっていく

若いときに心ひかれたり愛そうとするものは、新奇なもの、おもしろいもの、風変わりなものが多い。そしてそれが本物か偽物かなど気にしないのがふつうだ。人がもう少し成熟してくると、本物や真理の興味深い点を愛するようになる。

人がさらに円熟してくると、若い人が単純だとか退屈だとか思って見向きもしないような真理の深みを好んで愛するようになる。というのも、真理が最高の深遠さを単純なそっけなさで語っていることに気づくようになるからだ。
人はこのように、自分の深まりとともに愛し方を変えていく。

『人間的な、あまりに人間的な』

Liebe

131

愛は雨のように降る

愛はどうして公正さよりも人気があり、重んじられているのだろうか。

どうして愛についてだけ人は多くを語り、ひっきりなしに愛を賛美してやまないのだろうか。

公正さのほうが、愛よりも知性的なものではないだろうか。愛は、公正さよりもずっと愚かなものではないだろうか。

実は、愛がそんな愚かなものだからこそ、すべての人にとって心地がいいのだ。愛は尽きぬ花束を持っていて、愚かなほどに惜しみなく愛を与えてやまない。相手が誰であろうとも、愛に値しない者であろうとも、不公正な人間であろうとも、愛を贈られても絶対に感謝などしない者であろうとも。

雨は善人の上にも悪人の上にも分けへだてなく降るが、愛もそんな雨と同じで相手を選ばずに与え、びしょびしょに濡らしてしまうのだ。

『人間的な、あまりに人間的な』

Liebe

132

新しく何か始めるコツ

たとえば勉強でも交際でも仕事でも趣味でも読書でも、何か新しく事柄にたずさわる場合のコツは、最も広い愛を持って向き合うことだ。

つまり、いやな面、気にくわない点、誤り、つまらない部分が目に入ったとしても、すぐに忘れてしまうように心がけ、とにかく全面的に受け入れ、全体の最後まで達するのをじっと見守るということだ。

そうすることで、ようやく何がそこにあるのか、何がその事柄の心臓になっているのかがはっきりと見えてくるだろう。

好き嫌いなどの感情や気分によって途中で決して投げ出さない。最後まで広い愛を持つ。これが、物事を本当に知ろうとするときのコツだ。

『人間的な、あまりに人間的な』

Liebe

133

愛が働く場所

善悪の彼岸。それは善悪の判断や道徳を完全に超越した場所のことだ。

愛からなされることはすべて、その場所で起きている。だから、愛の行いは、いっさいの価値判断や解釈がおよばないものであるのだ。

『善悪の彼岸』

Liebe

134

ずっと愛せるか

行為は約束できるものだ。しかし、感覚は約束できない。なぜなら、感覚は意思の力では動かないものだからだ。

よって、永遠に愛するということは約束できないように見える。しかし、愛は感覚だけではない。愛の本質は、愛するという行為そのものであるからだ。

『人間的な、あまりに人間的な』

Liebe

135

愛の成長に体を合わせる

性欲に身をまかせてしまうのはすこぶる危険だ。というのは、性欲だけが二人の絆となってしまい、本来の本当の絆であるべき愛が忘れ去られてしまうからだ。

愛というのは、ちょっとずつ成長していくものだ。それより先に性欲を追い越させてはならない。愛の発達に少しだけ遅れて性欲がともなうくらいがちょうどいい。

そうすると、相手も自分も深い愛を体とともに感じることができるのだから。それは心も体も同時に幸せになるということでもある。

『善悪の彼岸』

Liebe

136

恋人が欲しいと思っているのなら

いい人が現れるのを待ち望んでるのかい？　恋人が欲しいって？　自分を深く愛してくれる人が欲しいって？　それは、思い上がりの最たるものじゃないか！

多くの人から好かれるほど、きみはいい人間になろうと努力しているかい？

自分を愛してくれるのはたった一人でいいって？

その一人は多くの人の中にいるんだぜ。それなのに、みんなから好かれるようにならない自分を誰が愛してくれるというんだ？　おいおい、わかってんのかな。きみは最初からめちゃくちゃな注文をしてるんだぜ！

『人間的な、あまりに人間的な』

Liebe

137

男たちから魅力的と思われたいなら

男たちからもてたいと思っているなら、自分の中身に何があるか見せないようにすればいい。

まるで純粋な仮面だけのような女で、しかも姿がうっすらとしか見えない幽霊のような神秘的存在でいればいい。

すると、男たちの欲望はこのうえなく刺戟《しげき》される。男たちは、彼女の中身を探し始めるのだ。どんな魂を内に持っているのだろうかといつまでも探し続けるのだ。

この方法は、多くの人を魅了するのにも使える。もちろん俳優は、商売柄幽霊のような存在だから魅力的に映っているのだし、独裁者やエセ宗教の教祖は、この方法を最も悪どく、しかし効果的に使っている。

Liebe

138

結婚するかどうか迷っているなら

結婚に踏み切るかどうか迷っているなら、じっくりと自分に問いかけてみよう。

自分はこの相手と、八十歳になっても九十歳になってもずっと楽しく語り合っていけるだろうか、と。

長い結婚生活の間には多くのことが起きるが、それらはすべて一時的なもので、いつしか過ぎ去っていく。

けれども、二人でいて対話を続けるということは、結婚生活の大部分を占めているし、老年になればなるほど、対話の時間は増えていくものなのだ。

『人間的な、あまりに人間的な』

Liebe

139

より多くの愛を欲しがるうぬぼれ

男と女がどちらも、もっと愛されなくてはならないのは自分のほうだと思っていると、二人の間で滑稽な喧嘩や面倒な問題が生まれてくる。

つまり二人とも、自分のほうがすぐれているからより多く愛される価値があるというぬぼれにひたっているのだ。

『人間的な、あまりに人間的な』

Liebe

140

女を捨てた女

男を魅了するのを忘れるような女は、その度合いの分だけ、人を憎む女になる。

『善悪の彼岸』

Liebe

141

愛は喜びの橋

愛とは、自分とは異なる仕方で生き、感じている人を理解して喜ぶことだ。

自分と似た者を愛するのではなく、自分とは対立して生きている人へと喜びの橋を渡すことが愛だ。ちがいがあっても否定するのではなく、そのちがいを愛するのだ。

自分自身の中でも同じことだ。自分の中にも絶対に交わらない対立や矛盾がある。愛はそれらに対して反《はん》撥《ぱっ》することなく、むしろ対立や矛盾ゆえにそれを喜ぶのだ。

『さまざまな意見と箴言』

Liebe

142

愛と尊敬は同時にはもらえない

尊敬するということは、相手との間に距離がある。そこには畏敬というものが差しはさまっている。相手との間には上下関係が生じており、力の多い少ないの差がある。

ところが、愛というものにはそういう眼はない。上下も区別も力もいっさい認めずにくるみこむのが愛だからだ。

だから、名誉心の強い人は愛されることに反抗する気持ちがある。愛されることよりも、尊敬されることのほうが気持ちよいのだ。
したがって、自尊心の強すぎる人はしばしば愛されないことになる。人が愛も尊敬をも欲しがる気持ちはわかるが、やはり愛を選んだほうが心地よいだろう。

『人間的な、あまりに人間的な』

Liebe

143

愛は赦す

愛は赦《ゆる》す。
愛は、欲情することをも赦す。

『悦ばしき知識』

Liebe

144

愛する人は成長する

誰かを愛するようになると、自分の欠点やいやな部分を相手に気づかれないようにとはからう。これは虚栄心からではない。愛する人を傷つけまいとしているのだ。そして、相手がいつかそれに気づいて嫌悪感を抱く前に、なんとか自分で欠点を直そうとする。こうして人は、よい人間へと、あたかも神にも似た完全性に近づきつつある人間へと成長していくことができる。

『悦ばしき知識』

Liebe

145

真実の愛に満ちた行為は意識されない

誰か他人に親切にしたあとは、快感を味わうことができるものだ。親切な行為や善行そのものが快感であるというわけではなく、その行為のあとに自分が少しだけ聖人とか清い者とかに近づいたような気分を味わうことができるからだ。

しかし、ふだんの生活の中でわたしたちが友人や知人に親しくする場合には、それもまた善行だなどとは意識していない。まったく自然に良いことをしているし、そして、その行為によって自分が清い者になったような気分を味わうことすらない。

けれども、こちらの行為のほうが、親切を意識した行為よりもはるかに真実の愛と心に満ち、上位にあるものなのだ。

『漂泊者とその影』

Liebe

146

最大のうぬぼれ

最大のうぬぼれとは何か。

愛されたいという要求だ。

そこには、自分は愛される価値があるのだという声高な主張がある。そういう人は、自分を他の人々よりも高い場所にいる特別な存在だと思っている。自分だけは特別に評価される資格があると思っている差別主義者だ。

『人間的な、あまりに人間的な』

Liebe

147

愛することを忘れると

人を愛することを忘れる。そうすると次には、自分の中にも愛する価値があることすら忘れてしまい、自分すら愛さなくなる。

こうして、人間であることを終えてしまう。

『曙光』

Liebe

148

愛する人の眼が見るもの

他人から見れば、どうしてあんな人を愛しているのだろうと思う。あんな人は格別にすぐれているわけでもないし、見ばえも良くないし、性格も別に良くないのに、と思うのだ。しかし、愛する人の眼は、まったく異なる点に焦点をあてている。愛は、他の人にはまったく見えていない、その人の美しく気高いものを見出し、見続けているのだ。

『善悪の彼岸』

IX

知について

Über die Wissenschaft

Wissenschaft

149

本能という知性が命を救う

食事をしないと、体が弱り、やがて死ぬ。睡眠が足りないと、四日程度で体が糖尿病と変わらない状態になる。まったく眠らないでいると、三日目から幻覚を見るようになり、やがて死を迎える。

知性はわたしたちが生きていくのを助けてくれるが、わたしたちは知性を悪用することもできる。知性はその意味で便利な道具と同じだ。

そしてわたしたちは、本能を動物的なもの、野蛮なものとみなしがちだが、本能は確実にわたしたちの生命を救う働きだけをする。本能は大いなる救済の知性であり、誰にでも備わっているものだ。
だから、本能こそ知性の頂点に立ち、最も知性的なものだと言えるだろう。

『善悪の彼岸』

Wissenschaft

150

本質を見分ける

鉱泉の出方はそれぞれだ。とうとうとあふれんばかりに湧き出る鉱泉。尽きることなく流れ出るもの。ぽたぽたと滴《しずく》をしたたらせるもの。

鉱泉の価値を知らない人は、その水の量で豊かさを判断する。鉱泉の効用を熟知している人は、その泉の水ではないもの、含有成分で鉱泉のよしあしと質を判断する。

同じように、他の事柄に関しても、見かけの量の多さや圧倒的な迫力にまどわされてはならない。何が人間にとって意味と価値のある質であるのか。本質を見分ける眼を持つことがきわめてたいせつなのだ。

『漂泊者とその影』

Wissenschaft

151

視点を変える

何が善であり何が悪であるのか、人間としての倫理とはどういうものか、という定義は、その時代によって正反対になるほど異なっている。

古代にあっては、伝統のしきたりや慣習から外れた自由なふるまいをすることは非行とみなされた。また、個人として行動すること、身分を越えた平等、予測がつかないこと、慣れていないこと、見通しの立たないことまでもが悪であった。古代人から見れば、現代ではまったくふつうとされている行動や考えの多くが悪なのだ。

視点を変えるとはこういうことだ。相手や状況を想像してみることだけが視点の変換ではない。古い時代の事柄を学ぶことも、視点を変えるのに大いに役立つのだ。

『曙光』

Wissenschaft

152

人間的な善と悪

悪とは何か。人をはずかしめることだ。

最も人間的なこととは何か。どんな人にも恥ずかしい思いをさせないことだ。

そして、人が得る自由とは何か。どんな行為をしても、自分に恥じない状態になることだ。

『悦ばしき知識』

Wissenschaft

153

後始末を忘れない

建築家の道徳とは、家を建てたら足場をきれいに取り払っておくことだ。園芸家の道徳は、枝を伐《き》り終わったら落ちた枝や葉を掃除しておくことだ。

これと同じように、わたしたちも何かをなしたら、きちんと後始末をしなければならない。そうして初めて着手した物事がようやく終わり、完成させたことになる。

『漂泊者とその影』

Wissenschaft

154

勉強はよく生きることの土台となる

たとえば、与えられた約束をよく理解して守り続けるためには、充分な理解力と記憶力が必要になる。この理解力と記憶力は、鍛練されて獲得できる知性の一部だ。

相手に対して、あるいは遠くの誰かに対して同情を持ちうるためには、充分な想像力が必要となる。想像力もまた、知性の立派な一部だ。

こういうふうにして、人間的な倫理や道徳というものは、知性と強く結ばれている。そして、知識のない知性というものはありえない。

したがって、何の役にも立たなさそうに見える今の勉強ひとつでさえ、自分が人間としてよく生きていくことの土台となっていくと言えるのだ。

『人間的な、あまりに人間的な』

Wissenschaft

155

本を読んでも

本を読んだとしても、最悪の読者にだけはならないように。最悪の読者とは、略奪をくり返す兵士のような連中のことだ。

つまり彼らは、何かめぼしいものはないかと探す泥棒の眼で本のあちらこちらを適当に読み散らし、やがて本の中から自分につごうのいいもの、今の自分に使えるようなもの、役に立つ道具になりそうなものだけを取り出して盗むのだ。

そして、彼らが盗んだもののみ（彼らがなんとか理解できるものだけ）を、あたかもその本の中身のすべてであるというように大声で言ってはばからない。そのせいで、その本を結局はまったく別物のようにしてしまうばかりか、さらにはその本の全体と著者を汚してしまうのだ。

『さまざまな意見と箴言』

Wissenschaft

156

施設や道具からは文化は生まれない

劇場や美術館のような巨大で立派な施設を造れば造るほど、そこからより大きな文化がぞくぞくと生まれてくるわけではない。道具や技術を多彩にそろえればそろえるほど、豊かな文化の条件や基礎が築かれるわけでもない。

文化を産むのは、心だ。ところが、役人や商人がむらがっては文化を発展させる手段と名づけたものを持ちより、かえって文化を壊滅させる危険度を増大させている。

今はこういう時代だが、文化の本質が物や手段だという考え方に対して、わたしたちは強く抵抗していかなければならないだろう。

『人間的な、あまりに人間的な』

Wissenschaft

157

学ぶ意志のある人は退屈を感じない

学び、知識を積み、知識を今なお教養と知恵に高め続けているような人は、退屈を感じなくなる。あらゆる事柄が以前にもましていっそう興味深くなってくるからだ。

他の人と同じように見聞していても、そういう人はふつうの事柄から教訓やヒントを容易に見出したり、考えの隙間を埋めるものを発見したりする。

つまり、彼の毎日は、謎解きとさらなる知識獲得のおもしろさに彩られ、意味のある充実で埋めつくされることになるのだ。彼にとって、世界は興味の尽きない対象となる。植物学者がジャングルの中にいるようなものだ。

そういうふうに毎日が発見と探索に満ちているのだから、とても退屈することなんてできないのだ。

『漂泊者とその影』

Wissenschaft

158

力を入れすぎない

自分の力の四分の三ほどの力で、作品なり仕事なりを完成させるくらいがちょうどいいものが出来上がる。

全力量を用い精魂を傾けて仕上げたものは、なんとも重苦しい印象があり、緊張を強いるものだからだ。それは一種の不快さと濁った興奮を与えることをまぬかれない。しかも、それにたずさわった人間の臭みというものがどこかついてまわる。

しかし、四分の三程度の力で仕上げたものは、どこか大らかな余裕といったものを感じさせる、ゆったりとした作品になる。それは、一種の安心と健やかさを与える快適な印象を与える作品だ。つまり、多くの人に受け入れられやすいものが出来上がるのだ。

『人間的な、あまりに人間的な』

Wissenschaft

159

最短の道は現実が教えてくれる

数学では、最短の道は始点と終点を直線で結んだ道だと教えてくれる。しかし、現実における最短の道はそうではない。

昔の船乗りはこう教えてくれる。「最もつごうよく吹いてきた風が、船の帆を脹《ふく》らませて導かれた航路が最短の道だ」と。

これこそ、実際に物事をなしとげようとする場合に通用する最短の道理論だ。頭で立てた計画通りに物事は運ばない。現実の何かが、遠い道を最も近い道にしてくれる。それが何かは前もってわからず、現実に踏み出したときにようやくわかってくるのだ。

『漂泊者とその影』

Wissenschaft

160

離れて初めて把握できる

モネが描くような点描画は、間近で見ても何がそこに表現されているのかわからない。離れた場所から鑑賞して初めてそこに描かれているものの輪郭がわかってくる。

物事の渦中にいる人も同じだ。近くにいると、何がどうなっているのかわからない。しかし、物事から離れて遠くから見ると、何が問題かがよく見えてくる。構成しているものの軸になっているものが、くっきりと浮き出てくるからだ。

この手法は、複雑なものを単純化するということだ。思想家と呼ばれるような人は、まずはこの方法を使って、こみいった事柄から太い枠になるものを取り出して単純化し、誰の目にも見やすくするのだ。

『悦ばしき知識』

Wissenschaft

161

自分の哲学を持つな

「哲学を持つ」と一般的に言う場合、ある固まった態度や見解を持つことを意味している。しかしそれは、自分を画一化するようなものだ。

そんな哲学を持つよりも、そのつどの人生が語りかけてくるささやかな声に耳を傾けるほうがましだ。そのほうが物事や生活の本質がよく見えてくるからだ。

それこそ、哲学するということにほかならない。

『人間的な、あまりに人間的な』

Wissenschaft

162

自分に才能を与える

天賦の才能がないといって悲観すべきではない。才能がないと思うのならば、それを習得すればいいのだ。

『曙光』

Wissenschaft

163

徹底的に体験しよう

勉強をして本を読むだけで賢くなれはしない。さまざまな体験をすることによって人は賢くなる。もちろん、すべての体験が安全だというわけではない。体験することは、危険でもある。ひどい場合には、その体験の中毒や依存症になってしまうからだ。

そして、体験しているときはその事柄に没頭することが肝心だ。途中で自分の体験について冷静に観察するのはよくない。そうでないと、しっかりと全体を体験したことにはならないからだ。

反省だの観察だのといったことは、体験のあとでなされるべきだ。そこからようやく智慧というものが生まれてくるのだから。

『漂泊者とその影』

Wissenschaft

164

遠くから振り返れ

今まで長く関り続けて深く知っていると思うものといったん別れ、離れた場所から振り返ってみよう。すると、何が見えてくるか。

ずっと住んでいた町から離れ、遠くに立ったとき、町の中心にある塔が家並みからどれほど高くそびえていたのかが初めてわかるものだ。それと同じことが起こるだろう。

『漂白者とその影』

Wissenschaft

165

賢さは顔と体に表れる

賢明に考える習慣を持つと、そのうちに顔が賢そうな輝きに満ちてくる。表情ばかりか、体の見た目も賢そうになってくるのだ。たとえば、他人から見て動作や姿勢のあり方にシャープな感じが出てくる。

どのような精神を持つかによって、人間の外観もまた変わるのだ。元気な人が活発に歩くように、悲しみと失意を秘めた人がとぼとぼと歩くように。

『人間的な、あまりに人間的な』

Wissenschaft

166

冷静さには二種類ある

仕事はもちろん、おおよその物事に対しては冷静沈着であるほうがうまくいく。ところでこの冷静さには、内容の異なる二種類のものがある。

一つは、精神活動が衰えているがための冷静さだ。何事にも無関心で、多くの事柄を自分から遠く感じているために、傍目《はため》からはいかにも冷静に見える。

もう一つは、自分の衝動や欲望に打ち克ってきたあげくに得られた冷静さだ。この冷静さを持っている人は的確な対処ができ、多くのことに理解を示し、一種の快活さを感じさせるという特徴がある。

『漂泊者とその影』

Wissenschaft

167

話し合いの効用

対話、それも、たわいのない世間話や噂話の応酬といったものではなく、何か決まった事柄についてのじっくりした話し合いはとてもたいせつだ。

なぜならば、そういう話し合いによって、自分が何を考えているのか何を見落としているのかがはっきりわかってくるし、問題の重要な点がどこなのかも今までになく見えてくるからだ。そうして、一つの考えというものが形としてまとまってくる。

独りでぐずぐず考えてばかりだと、とめどがないばかりで何もまとまらないものだ。
だから、話し合いは、互いに考えの産婆となって助け合うことでもあるのだ。

『善悪の彼岸』

Wissenschaft

168

原因と結果の間にあるもの

この原因があったからこういう結果になった、と考えられることが多い。しかし、その原因と結果はわたしたちが勝手に名づけたものにすぎないと気づくべきだ。

どんな物事や現象であれ、原因と結果で簡単に分析できるほどことは単純ではない。まったく目に見えていない他の要素がたくさんあるかもしれないからだ。

それを無視して、ある一つの事柄のみの原因と結果を決めつけ、そこに何か強い結びつきと連続性があるように考えるのはあまりにも愚かなことだ。

だから、原因と結果とで物事の本質を理解したように感じるのは思い込みにすぎない。多くの人が同じように考えたとしても、それが正しさの保証にはならないのは当然のことだ。

『曙光』

Wissenschaft

169

合理性だけで判断しない

ある事柄が不合理だからといって、その事柄を廃止してしまう第一の理由にはならない。不合理だからこそ、そのような事柄が必要とされている一条件となっている場合がかえってあるからだ。

『人間的な、あまりに人間的な』

Wissenschaft

170

独創的になるためには

まったく新しく突飛なものを見つける特殊な嗅覚を持つ少数の人が独創的なのではない。

すでに古いとみなされたもの、誰でも知っているようなまったくありきたりのもの、多くの人が取るに足りないと思って安易に見過ごしてきたものを、まるでとても新しいものであるかのように見直す眼を持つ人が、独創的なのだ。

『さまざまな意見と箴言』

Wissenschaft

171

低い視点から眺めてみる

たまには背をかがめ、あるいはできるだけ低くなるようにしゃがんで、草や花、その間を舞う蝶に間近に接したほうがいい。

そこには、今までは歩く際に遠く見下ろしていた草花や虫とは別の世界がある。幼い子供が毎日あたりまえのように目にしている世界の姿が広がっている。

『漂泊者とその影』

Wissenschaft

172

よく考える人になるために

きちんと考える人になりたいのであれば、最低でも次の三条件が必要になる。

人づきあいをすること。書物を読むこと。情熱を持つこと。

これらのうちのどの一つを欠いても、まともに考えることなどできないのだから。

『漂泊者とその影』

Wissenschaft

173

現実と本質の両方を見る

目の前の現実ばかりを見て、そのつどの現実に適した対応をしている人は確かに実際家であり、頼もしくさえ見えるかもしれない。

もちろん、現実の中に生き、現実に対応することはたいせつだ。現実は蔑視すべきものではないし、現実はやはり現実なのだから。

しかし、物事の本質を見ようとする場合は、現実のみを見ていてはならない。現実の向こう側にある普遍的なもの、抽象的なものが何であるのか、つかまえることのできる視線を持たなければならないのだ。あの古代の哲学者プラトンのように。

『曙光』

X

美について

Über die Schönheit

Schönheit

174

理想や夢を捨てない

理想を捨てるな。自分の魂の中にいる英雄を捨てるな。

誰でも高みを目指している。理想や夢を持っている。それが過去のことだったと、青春の頃だったと、なつかしむようになってはいけない。今でも自分を高くすることをあきらめてはならない。

いつのまにか理想や夢を捨ててしまったりすると、理想や夢を口にする他人や若者を嘲笑する心根を持つようになってしまう。心がそねみや嫉妬だけに染まり、濁ってしまう。向上する力や克己心もまた、一緒に捨て去られてしまう。

よく生きるために、自分を侮蔑しないためにも、理想や夢を決して捨ててはならない。

『ツァラトゥストラはかく語りき』

Schönheit

175

絶えず進んでいく

「どこから来たか」ではなく、「どこへ行くか」が最も重要で価値あることだ。栄誉は、その点から与えられる。

どんな将来を目指しているのか。今を越えて、どこまで高くへ行こうとするのか。どの道を切り拓き、何を創造していこうとするのか。

過去にしがみついたり、下にいる人間と見比べて自分をほめたりするな。夢を楽しそうに語るだけで何もしなかったり、そこそこの現状に満足してとどまったりするな。

絶えず進め。より遠くへ。より高みを目指せ。

『ツァラトゥストラはかく語りき』

Schönheit

176

木に習う

松の木のたたずまいはどうだろう。耳を澄まして何かに聞き入っているかのようだ。

モミの木はどうだろう。まんじりともせず何かを待っているようだ。

この木々たちは、少しもあせってはいない。慌てず、いらだたず、わめかず、静けさの中にあり、じっとしていて、忍耐強い。

わたしたちもまた、このような松の木とモミの木の態度に見習うべきではないだろうか。

『漂泊者とその影』

Schönheit

177

献身は目に見えないこともある

献身は、道徳的に尊い行為だと思われている。弱者や病人や老人の身の周りの世話をすること。自己を殺して仕えること。自身の命の危険をかえりみずに他人を助けること。医師も看護師も救急隊員も介護士も、献身することが仕事になっている。

しかし、よく考えてみよう。他の仕事の多くも、実は献身の一つの形なのではないだろうか。宗教や直接の人助けとはまったく関係がなくても、結局は人を助けるために自分を犠牲にした仕事ではないだろうか。
農業も、漁業も、運ぶ人も、オモチャをつくることも。
さらには、思慮深くなされたあらゆる行為さえも、
献身ではないか。

『漂泊者とその影』

Schönheit

178

自分しか証人のいない試練

自分を試練にかけよう。人知れず、自分しか証人のいない試練に。

たとえば、誰の目のないところでも正直に生きる。たとえば、独りの場合でも行儀よくふるまう。たとえば、自分自身に対してさえ、一片の嘘もつかない。

そして多くの試練に打ち勝ったとき、自分で自分を見直し、自分が気高い存在であることがわかったとき、人は本物の自尊心を持つことができる。

このことは、強力な自信を与えてくれる。それが自分への褒美《ほうび》となるのだ。

『善悪の彼岸』

Schönheit

179

自分の中にある高い自己

高い自己に、ふと出会う日がある。いつもの自分ではなく、もっと澄みきった高級な自分自身が今ここにいるのだということに、恩寵のように気づく瞬間がある。

その瞬間を、大切にするように。

『人間的な、あまりに人間的な』

参考文献

『人間的な、あまりに人間的な』
『曙光』
『力への意志』
『悦ばしき知識』
『偶像の黄昏』
『ショウペンハウアー』
『善悪の彼岸』
『さまざまな意見と箴言』
『漂泊者とその影』
『ツァラトゥストラはかく語りき』他

『ニーチェ全集』理想社
『ニーチェ全詩集』秋山英夫／富岡近雄訳 人文書院
Nietzsche fur Gestresste Vorgestellt von Ursula Michels-Wenz
Insel Verlag Frankfurt am Main und Leipzig 1997

超訳 ニーチェの言葉〈大活字版〉

発行日2016年10月15日　第1刷
　　　2016年11月20日　第2刷

Author　フリードリヒ・ヴィルヘルム・ニーチェ
Translator　白取春彦
Book Designer　松田行正／三木俊一（文京図案室）

Publication　株式会社ディスカヴァー・トゥエンティワン
〒102-0093 東京都千代田区平河町2-16-1 平河町森タワー11F
TEL 03-3237-8321（代表） FAX 03-3237-8323　http://www.d21.co.jp

Publisher　干場弓子
Editor　大活字本チーム

Marketing Group　Staff　小田孝文　井筒浩　千葉潤子　飯田智樹　佐藤昌幸
谷口奈緒美　西川なつか　古矢薫　原大士　蛯原昇　安永智洋
鍋田匠伴　榊原僚　佐竹祐哉　廣内悠理　梅本翔太　奥田千晶
田中姫菜　橋本莉奈　川島理　渡辺基志　庄司知世　谷中卓

Assistant Staff　俵敬子　町田加奈子　丸山香織　小林里美　井澤徳子
藤井多穂子　藤井かおり　葛目美枝子　伊藤香　常徳すみ　鈴木洋子
片桐麻季　板野千広　山浦和　住田智佳子　竹内暁子　内山典子

Productive Group　Staff　藤田浩芳　千葉正幸　原典宏　林秀樹　三谷祐一　石橋和佳
大山聡子　大竹朝子　堀部直人　井上慎平　林拓馬　塔下太朗
松石悠　木下智尋

E-Business Group　Staff　松原史与志　中澤泰宏　中村郁子　伊東佑真　牧野類
伊藤光太郎

Global & Public Relations Group
Staff　郭迪　田中亜紀　杉田彰子　倉田華　鄧佩妍　李瑋玲
イエン・サムハマ

Operations & Accounting Group
Staff　山中麻吏　吉澤道子　小関勝則　池田望　福永友紀

Proofreader　文字工房燦光
Printing　株式会社シナノ

ISBN978-4-7993-1986-4